# 老上海

## 浦塘泾浜

薛理勇 著

上海书店出版社
SHANGHAI BOOKSTORE PUBLISHING HOUSE

# 前　言

地名即地理实体名称，根据其属性，又可以分作许多大类，如自然地理实体地名、政区地名、居民地地名、交通地名等。地名通常由专名和通名两个方面组成，专名指某个特定的地名，而通名表示这个地名的属性，如长江、黄河，"长"和"黄"属于专名，"江"和"河"就是通名。在城市道路中，如上海的南京路，"南京"是专名，"路"就是通名。地名是伴随人类的诞生而出现、形成的，一般讲，哪个区域人类活动越频繁，居住人口越密集，这个区域的地名也越多，越密集，地名作为一种文化现象，认识、了解、研究地名文化产生的原因，地名中蕴藏的故事，地名的沿革、变化，这既是研究文化学，也是研究一门更专门的学问。因此，许多著名的高校往往设立了各种与地名相关的专业培养专门的人才。

上海地区属于江南水乡，吴淞江横贯上海市区，把市区分为浜南与浜北，黄浦江纵贯上海市，又把上海划分为浦西和浦东；当然，历史上的上海河流纵横，湖泊密布，有名称的河流很多，没有名称，或叫不出名称的 small creek 更多。上海河流地名很多，也由专名和通名组成。历史上的上海,用于河流通名的词很多,即使到了今天,当作河流通名的词还有如:江、浦、塘、浜、泾、洪、溇、港等,如你认真分析,一定能注意到,这些不同的称谓表明各种不同河流的属性,以及河与河之间的关系,里面隐藏着许多的文化和 story。如历史上上海地区唯一能称之"江"的河流就是吴淞江,上海古籍中凡独称"江"的河,那一定就是吴淞江;上海及苏南地区称"浦"的河流则特多,最著名者就是黄浦(江),而这些"浦"在历史上一定是吴淞江的大支流,吴淞江从太湖发源,东流直下,泻入大海,是西、东流向的,"浦"是"江"的支流,那它当然大多是南北流向的。本书中会有详细介绍。

上海地处江南水乡,作为水乡城邑,原来有数不清的河流。进入近代以后,上海逐渐发展成为拥有几百万人口的大城市,国际性的大都会,城市人口激增,引起河道污染、淤塞;城市要筑许多的马路,纵横交叉的马路又将无数的河流切割成若干段,水源被堵,水流不畅,又进一步加快了河流的淤塞、城市的河浜成了"臭水浜",成了城市的污染源,给市民生活带来极大的危害。从 20 世纪初开始,上海开始了规模性的"填浜筑路",上海市中心区的河流消失殆尽,水乡风貌荡然无存,人们才知道,以牺牲环境、风貌来换取城市的建设、发展,是不可取的。

上海水乡城邑的风貌虽已消失殆尽,但是,上海主城区还保留了许多与河流相关的地名,如陆家浜路、肇嘉浜路、薛家浜路、方浜路等,凡含"浜"字的马路一定是当年填浜筑的马路,上海还保留许多不太直,弯弯曲曲的马路,如凤阳路、南阳路、石门路和瑞金路等,它们大多也是当年河道留下的痕迹。当然,上海还有许多与河道、桥梁、渡口等与河道相关的地名,如泥城桥、八仙桥、太平桥、曹家渡等,这些土里土气的地名往往含着不少可歌可泣而又十分有趣的故事。地名也是一种非物质文化,我想,如何保护历史地名,充分发这它们的文化价值,也许应该是今人必须努力去做的事。

# 目 录

1 前言

1 东南三泖 水源流长

10 吴淞江 苏州河的故事

18 "沪"是什么

26 发现"沪渎垒"

34 上海不是渔村——是酒乡

40 苏州河上的闸和闸桥

50 上海何处"叉袋角"

56 潭子湾是一个很古老的地名

61 上海河流名称的特点

71 上海地名中的"圩"

76 黄浦江入海口为啥叫吴淞口

84 陆深与浦东陆家嘴

91 东、西芦浦与马路

99 黄浦江的渡口和地名

107 "外滩"名称的故事

114 周家嘴与复兴岛

119 寻找乌泥泾

126　蕰藻浜与彭越浦

133　昔日上海县城里的河浜

141　法华浜、法华镇与法华镇路

152　消失的"淡井庙"

160　肇嘉浜与浜上的桥

169　泥城浜和泥城桥

176　上海何处洋泾浜

186　太平桥与打铁浜

195　浦东的"团"和"灶"

205　虹口港并非历史上的上海浦

216　虹口港与虹口地名的延伸

225　九段沙还是九团沙

231　浦东的其昌栈

240　"南洋公学"说"南洋"

# 东南三泖　水源流长

"泖"是一个冷僻字,只用于今上海地区的一种介于河流与湖泊之间的湿地,古代上海地区共有三个被叫作"泖"的湿地,即上泖、中泖、下泖,人们又根据其形状分别叫作圆泖、大泖和长泖,合称"三泖"。三泖都在今松江区境内,但是,在很久很久以前,三泖的大部分湿地变成了陆地,所以要讲清"三泖"的历史和变化并不是一件容易的事。

南宋《绍熙云间志·卷中·水》中记:

> 三泖　按《广韵》:泖,水名,华亭水也。陆龟蒙诗云:"三泖凉波鱼蓛动。"注曰:吾远祖士衡对晋武帝,三泖冬温夏凉,盖谓此也。《祥符图经》:谷泖,县西三十五里,周围一顷三十九亩半。古泖,县西四十里,周围四顷三十九亩。今泖西北抵山泾,南自泖桥出东南,至广陈,又东至当湖,又东至瀚海塘而止。朱伯原《续吴郡图经》曰:泖在华亭境;泖有上、中、下之名;泖之狭者,犹且八十丈。又按海盐之芦沥浦,海盐,即武原也,行二百余里,南至于浙

江,疑此即谷水故道。《水经》以为入海,而此浦入江,盖支派之异也。今俗传近山泾为下泖,近泖桥为上泖,或者其与陆士衡、朱伯原之言合。按县图,又以近山泾,泖益圆,曰团泖;近泖桥,泖益阔,曰大泖;自泖而上,萦绕百余里,曰长泖;此三泖之异也。或以须顾泖、谢家泖为三泖,此二者,在县之东南,一陂泽尔,与古所谓三泖者,相望王七十里。殊不知泖自有上、中、下之名也。

何薳,字子远,北宋末南宋初人。其著《春渚纪闻·卷七·泖茆字异》中讲:

> 《松陵唱和诗》陆鲁望(即陆龟蒙)赋《吴中事》云:"三茆凉波鱼蒢动,五苜春草雉媒娇。"注称:远祖士衡载"泖"从水,而此乃从草;五苜,吴王猎所,又有陆机苜,皆丰草所在。今观所谓三泖,皆丰草所在。今观所谓三泖,皆漫水巨浸,春夏则荷蒲演迤,水风生凉;秋冬则葭苇聚鬵,鱼屿相望,初无江湖凄凛之色。所谓冬暖夏凉者,正尽其美。或谓泖是水死绝处,故江左人目水之定滀不湍者为"泖"。不知笠泽何独从草,必有所据。

陆龟蒙,字鲁望,号笠泽,是陆机的后裔,世居"吴江甫里",即今江苏用直,今用直镇还有陆龟蒙墓,何薳文中提到的"陆鲁望"、"笠泽"都指陆龟蒙。何薳谈到的陆龟蒙诗"三泖凉波鱼蒢动"中的"泖"被写作"草字头"的"茆",而他的祖先陆机则写作"水字旁"的"泖",于是对"泖"和

"茆"发表了言论,不过,同样的诗句在《云间志》中是写作"泖"的,此也许只是流传的版本不同而出现的差错,本文就不作言论。"五茸"是今松江的别名,明人吴履震《五茸志逸》中的"五茸"就是松江,直到今天,松江仍别称"五茸"或"茸城",据旧志记载,古代松江地区草木茂盛,有大量的鹿群生活在此地,也是狩猎的好地方,于是被叫作"茸"。

何蓬文中讲:"或谓泖是水死绝处,故江左人目水之定潴不湍者为'泖'。"古代上海地区三处被称之"泖"的地方均是大面积的湿地,它们近似河流,但一端被堵而不通,而水面又比通常的河流宽阔得多,它最狭处即"泖之狭者,犹且八十丈"(古人丈量平面的宽度要比测高精确得多,这是毋庸置疑的),而也许就是泖的水面很宽阔,而水流又不如江河那样湍急地流动,最适宜水草生长,《五茸志逸》中有一段叙述:

> 泖,古由拳国,至秦废为长水县,俄忽陆沉为湖。曰泖,泖之言茂也。盖当秋霁,其水隐隐见睥睨坊市迹云。

"由拳"是先秦的地名,相当于今上海地区的一部分,秦始皇时废由拳而建长水县,不知是在什么时候,这里也许发生了地震,一部分陆地坍陷而成了湖泊,而"泖"就是这样形成的,到了秋高气爽的日子,泖水特别清澈,驾一小舟到泖中,还能隐约看到被陷入泖底的市镇的遗迹,而"泖"同"茂",这里水生植物长得太茂盛了,于是被叫作"茂"或"泖",这样我们也可以理解,陆龟蒙把"泖"写作"茆"的原因了。

王鸣盛(1722—1797年),字凤喈,嘉定人,是清乾嘉学派的代表人

物,他有《泖河竹枝词》,其中一首咏:

　　由拳城西水拍天,近桥长泖近水圆。
　　闻说女墙湖底见,那教沧海不桑田。

王鸣盛也只是从古籍中知道在泖河的湖底有古市镇的遗迹,但是他本人并没见到过,也许,事过境迁,从宋朝到清朝又过了几百年,泖河的水变浑了,人们无法透过泖水看到湖底,又也许,泖河淤积而水面变小,那些古市镇遗迹又被淤泥埋没了,此即所谓的"沧海桑田"。

王霆《松江竹枝词》:

　　长泖东南近秀州,半为烟水半汀洲。
　　鹭鹚飞破夕阳影,万点菱花古渡头。

泖应该是地震造成地面坍陷而形成的堰塞湖,它没有固定的水源,也没有水的出口和进口,所以泖水比较平静,但也容易淤积,现在,上海西部的松江、青浦地名中含有"泖"的地名还有若干个,而真正是古代三泖之遗存大概只剩下泖河了。

　　泖河流经青浦东南部到青浦南部与松江的接界处,是古代大泖的遗存,由于沿岸淤积,其形状已经不大了,而成了西北—东南走向的河流,长10.5公里,并为黄浦江上游主要河段。

　　"半为烟水半汀洲"——泖湖的水面很宽阔,一部分的水面上有平

坦的沙洲,而大部分水面长期处于烟水笼罩之中。明吴履震《五茸志逸》卷六叙述"三泖"时讲:

> 出郡西从五浦塘南行二十余里入泖湖。湖广袤十八里,近泖桥者名大泖,近山径小而圆者为圆泖,东西长亘十里而稍狭者名长泖,是为三泖。而一片水实相连接,无所界限。浮屠踞大泖中央,筑基载之。基昼夜为水波齮龁,外筑小堤护之,殊觉幽雅。基仅四五亩,佛阁方丈精庐香积厨,以至登稻之场,艺瓜菜之圃,种种庀具。浮屠势固不能干霄,然以四周无障碍,可远眺望。跻攀及数级,北可望郡城中瓦屋如云屯,东南见沃壤亿万顷。当黄云覆野,真是成一片金色界。西见淀湖,淀湖广袤六十八里。又西可见澄湖,湖之广袤亦六十八里。

文中提到"踞大泖中央"的"浮屠"就是"泖塔"。今泖河在青浦泖口西北变得宽阔起来,湖面上有一狭长的汀洲,今称之"泖河圩"。泖河圩把泖河分为两股,东面的叫"东泖河",西面的叫"西泖河",一过泖河圩,两条河又合并为泖河。据传,唐乾符年间(874—879年),原泖湖沿岸的福田寺僧人如海就在泖河圩上造了一塔,该塔几经重建,在古迹不多的松江地区也成了一稍

青浦泖河沙洲上的泖塔

有名气的景点。《五茸志逸》中讲:

> 幸及月夕,月似与水争奇,久之不肯相下,两光终混为一色,短视人朦胧尤不能辨别。第见百万金背虾蟆,涌跃碧波中。是时把酒浩歌,顿忘此身之在水晶宫也,余绝爱之。盖松人素好胜,自惭故乡无佳山水足压东南胜游,乃觅九点中一片顽石稍赭者,强名曰:"小赤壁"。余爱此浮塔,视中泠具体而微,又不致怒涛作雷霆声骇人。乃亦名之曰:"小金山"。

吴履震也是好事之徒,松江地区没有名山大川,也缺少名胜古迹,于是松江人把这里的景点叫作"小赤壁",而吴先生又把这里比作镇江金山寺塔而叫作"小金山"。清赵玉德《三泖》诗中讲:

> 鼓棹来寻寺,偷闲笑我忙。
> 云开峰四面,人到水中央。
> 法界金山小,斋厨玉粒香。
> 晚风回隔浦,孤塔倚斜阳。

泖塔最后一次重修在明代,为砖木结构五层方塔,明代书画家文徵明到过此地,并作诗曰:

> 昔年如海有遗风,五级浮屠耸碧空。

> 三泖风烟浮栏外，九峰积翠落窗中。
>
> 夜课灯影疑春浪，秋净铃音报晚风。
>
> 老我白头来未得，几回飞梦绕吴东。

诗中的"如海"即唐朝僧人如海。该塔于1962年被公布为上海市文物保护单位，1995年大修，是上海近郊胜景之一。

今黄浦江上游的松江境内有"泖港镇"，这里有一条叫"泖港"的黄浦江支流，据称，这是古长泖的一部分。据说，松江区有规划，将此一带作为"湿地"风景开发。

"九雌十雄"是江南的"蟹话"，即农历的九月和十月，大闸蟹的雌蟹和雄蟹先后进入成熟期，是到了吃蟹的时候了。上海地区还产一种"mao蟹"，它在大闸蟹之先，于农历六月已膏黄满筐，是吃它的最佳季节，所以这"mao蟹"俗称"六月黄"。蟹是一种美食，吃蟹也是一种时尚和文化，但是食蟹的季节只能在秋冬时期，未免令人遗憾，而"六月黄"的上市，既应了时尚，又替食蟹者解了馋。

"mao蟹"通常被人写作"毛蟹"，因其体形略小，一般只在1.5两左右，所以它不宜如大闸蟹一样"煠"熟后蘸姜醋吃，上海人常用的烹调之法是酱爆，即将毛蟹洗尽后斩成二爿，放入热油锅中爆炒，添加酱油、生姜、葱花及适量的糖和酒，勾芡后装盆，叫作"酱爆毛蟹"，是江南的一道名菜。近几年，上海菜谱中又多了"毛蟹年糕"，其法与"酱爆毛蟹"相似，只是多放了一点年糕而已。

"毛"在吴方言中含有初级的、小的、粗略的之义，如幼孩被叫作

"毛头"、"小毛头",未成器的坯叫作"毛坯",将包装一起计算的重量叫"毛重",尚未扣除税收、工资等的初步利润叫作"毛利"等,这"毛蟹"如被理解为"小一点的蟹"似乎还能接受,但如被理解为"粗糙的、次等的蟹"问题就大了。

宋代傅肱著《蟹谱》是今存关于蟹的最早的著作(据元陶宗仪《南村辍耕录》记,唐代文学家陆龟蒙著《蟹谱》,今已佚),该书中有这样的记载:

> 秀州华亭县出于三泖者最佳,生于通陂塘者特大,故乡人呼为"泖蟹"。

"州"是古代的行政区划名,相当于今省与县之间的"地区",古代秀州相当于后来的浙江省嘉兴地区,州治(即州府)就在今嘉兴市,但古代的秀州实辖的区域比今天的嘉兴地区大多了,今上海市吴淞江以南的松江、奉贤、金山古代属秀州,唐天宝十年(751年)置华亭县,县治即今松江。

《蟹谱》是宋代人的著作,清代人也把它写作"泖蟹",如清沈蓉城《枫泾竹枝词》中讲:

> 泖蟹相看似蝘珠,产由急水异汾阳。
> 三更竹簖篝灯宇,几处鱼罾革舍俱。

也许,今人讲的"毛蟹"应该是"泖蟹"之误。

九峰的方位在七宝的西北,三泖是在七宝的西南方,而蒲汇塘桥联讲:

西北九峰青山气势幽
东南三泖绿水源流长

中国古代的文人骚客被现代人叫作"文化人",而"文化人"最大的优点就是"只讲文化",而最大的缺点是忽视科学,他们为了联句的对仗工整,将明明在七宝西南的"三泖"讲作"东南三泖"——实在有点自说自话。我建议,七宝镇可以发动一次征联活动,将此错联重拟,一定能取得很好的效果。

# 吴淞江　苏州河的故事

月光下的吴淞江

苏州河横贯上海市区,以前的上海人把河南和河北分别叫作"浜南"和"浜北",而如今也许只能在六十岁以上的老人口中才能听到使用这样的地名了。在现在出版的上海市区地图中,一般在这条苏州河上标明为"吴淞江(苏州河)",按习惯理解,吴淞江是苏州河的正名,而苏州河则是吴淞江的俗名。事实也是如此,在早期的地方志里根本就没有"苏州河"这个名称,原来,近代上海开埠以后,进入上海的侨民只能通过这条河道到苏州,而它的发源地也在今苏州的吴县,于是,外文的上海地图将其标为Soochow Creek,后来出版的中文版上海地图大多是参照外文地图改版印制的,就将Soochow Creek译作"苏州河",于是,上海市区的人只知道这条河叫"苏州河",大多数上海人并不知道苏州河就是吴淞江,而郊区的人仍按传统把这条河叫作吴淞江,今青浦白鹤镇附近的吴淞江上有一大桥,就叫作"吴淞江大桥",当然,郊区的人大多知道,当吴淞江流入市区后,上海人叫其为"苏州河"。

古代的地理书《禹贡》中讲:"三江既入,震泽底定。"震泽是太湖的古名,三江是古太湖的三条主要泄洪道和蓄水池,全句的意思即——只要确保三江畅通无阻,那么太湖流域的安全就有了保障,至于"三江"是指哪三条江,《禹贡》中没有明讲,只是后人把此"三江"说成为吴淞江、娄江和东江。如唐陆德明《经义释文》引顾夷《吴地记》:"松江东北行七十里,得三江口。东北入海为娄江,东南入海为东江,并松江为三江。"认为古太湖的"三江"分别为松江、娄江、东江。娄江即今江苏昆山入长江的浏河港,东江已不知何去,有人以为是今黄浦江的前身,而"松江"就是"吴淞江",关于"松江"与"吴淞江"的名称变换还有不少有趣的故事。

《后汉书·左慈传》中有这样一段记录:

> (左慈)尝在司空曹操坐,操从容顾众宾曰:"今日高会,珍羞略备,所少,吴松江鲈鱼耳。"

唐人注:

> 松江在今苏州东南,首受太湖。《神仙传》云:松江出好鲈鱼,味异他处。

唐朝《大业拾遗录》中也讲："六年，吴郡献松江鲈鱼干脍。鲈鱼肉白如雪，不腥，所谓金齑玉脍，东南之佳味也。"一直到近代，吴淞江出的一种"四鳃鲈鱼"还是江南名馔，而《晋书·张翰传》中讲，苏州人张翰在朝廷里做官，他深知，在这混乱的政局里，当官不是一件容易的事，弄得不好还会抛头颅，洒热血，于是借口"因见秋风起，乃思吴中菰菜莼羹鲈鱼鲙"逃离京城，返回家乡享清福。唐代以前的不少著作把这条江叫作"松江"，而《后汉书》中作"吴松江"，后人理所当然地认为，《后汉书》中的"吴松江"应该理解为"吴郡的松江"，我以为，此种理解是正确的。

唐杜甫《戏题画山水图歌》：

焉得并州快剪刀，剪取吴松半江水。

注："松一作淞，吴松江言吴地之松江也。《吴郡志》：松江在郡南四十五里。"

《吴郡志·卷十八·川》中讲：

松江，在郡南四十五里，《禹贡》"三江"之一也。

《吴郡志》的作者是南宋著名学者，苏州人范成大，他以为这条江就是《禹贡》中讲的三江中的一条，而它的正名是——"松江"，而《吴郡志》中也摘录了不少古人歌咏"松江"的诗文，有的把它叫作"松江"，有的

则叫作"吴松江",不过,没有一个把它写作"淞江"或"吴淞江"的。摘录部分如下:

皮日休《松江早春》诗:

　　松陵清净雪消初,见底新安恐未如。
　　稳凭船舷无一事,分明数得烩残鱼。

白居易《松江亭携乐观渔》诗:

　　震泽平芜岸,松江落叶波。
　　在官常梦想,为客始经过。
　　水面排罾网,船头簇绮罗。
　　朝盘脍红鲤,夜烛舞青娥。
　　雁断知风急,潮平见月多。
　　繁丝与促管,不解和渔歌。

杜牧《泊松江》诗:

　　清露白云明月天,与君齐棹木兰船。
　　风波湖雨一相失,夜泊横塘心渺然。

王禹偁《松江亭》诗:

登临徒觉挹尘埃，时有清风飒满怀。

蛸蛛一条连古岸，玻璃万顷自天来。

寒光浩渺轻烟阔，绿玉参差远岫排。

南指闽山犹万里，远人归兴正无涯。

宋之问《夜渡吴松江怀古》诗：

宿帆震泽口，晓渡松江溃。

棹拨鱼龙气，舟冲鸿雁群。

信潮顿觉满，晴浦稍将分。

气赤海生日，光摇湖起云。

水乡尽天卫，叹息为吴君。

谋士伏剑死，至今悲所闻。

梅尧臣《忆吴松江晚泊》诗：

念昔西归时，晚泊吴江口。

回堤溯清风，淡月生古柳。

夕鸟独远来，渔舟犹在后。

当时谁与同，涕忆泉下妇。

王禹偁《泛吴松江》诗：

> 带篷流薄漏斜阳,半日孤吟未过江。
>
> 惟有鹭鸶知我意,时时翘足对船窗。

看来,一直到宋代,这条江的正名还是"松江",也许由于《后汉书》中"所少,吴松江鲈鱼耳",以及杜甫诗"焉得并州快剪刀,剪取吴松半江水"的缘故,它也被人们叫作"吴松江"。

东晋南迁后,促进了江南经济的进步和人口增长,唐天宝十年(751年)就建立了华亭县,县治即今松江,这是今上海地区出现的第一个县级行政建置。《元史·地理志》中记:"……松江府,唐为苏州属邑,宋为秀州(县治今嘉兴市)属邑。元至元十四年(1277年)升为华亭府,十五年改松江府,仍置华亭县以隶之。领县二:华亭、上海。""松江府"是一个行政区划地名,显然得名于境内的最大河流——松江。而也许"松江"已作为行政地名,为示区分,人们就把这条叫"松江"的河流固定叫作"吴松江"了。

南宋的《绍熙云间志》是上海地区的第一部地方志,纂成于南宋绍熙四年(1193年),该书称此江为"松江",并没有出现"淞"字。而明朝《弘治上海县志·卷二·山川志》中讲:

> 松江一名吴淞,因水患去水从松。在县北,其源始太湖口,而东注于海。书曰"三江既入,震泽底定",此其一也。在宋时,范、欧、苏、叶诸公皆建修设之策,而毛渐、徐确、郏亶辈相继开凿之,然潮沙壅聚,随浚随塞,屡为浙西之患。元太定(原文如此)、大德间,

> 任仁发请于朝,疏导者再至。

从南宋到元代,松江淤塞严重,而吴松江是太湖流域最大的河流,农业的灌溉就依赖松江的蓄水。陶宗仪,字九成,号南村,是元末明初的大学问家,他寓居松江,他的著作中也经常会提到松江的故事。《南村辍耕录·卷二十三·检田吏》中讲了一件事,一位叫袁介(可潜)的主管农业的小官吏,在下农村巡视时,见过一行乞的老人,他就将与老人的对话写成了诗歌,说:

> 试问何故为穷民,老翁答言听我语。
> 我是东乡李福五,我家无本为经商。
> 只种官田三十亩,延佑七年三月初,
> 卖衣买得犁与锄,朝耕暮耘受辛苦。
> 要还私债输官租,谁知六月至七月,
> 雨水绝无湖又竭,欲求一点半点水,
> 却此农夫眼中血,滔滔黄浦如沟渠,
> 农家争水如争珠,数车相接接不到,
> 稻田一旦成沙涂,……

也许,松江淤塞太严重,严重影响了太湖流域的灌溉,人们希望它的水能大一点、多一点,于是在"松"旁加"水"而成了"淞"。如果你查阅一下如《辞海》、《辞源》、《汉语大词典》等权威词典,你也可以发现,"淞"

除了指"吴淞江"之外,没有其他的字义,也可以证明这个字是为"吴松江"专门"造"出来的。

吴淞江是太湖最主要的泄洪道,吴淞江淤塞造成的另一个后果是,当雨季太湖洪峰到来时,由于吴淞江排水不畅,江水外溢就造成水灾,人们又认为吴淞江的水太大了,于是人们又将"淞"的"三点水"去掉,"淞江"又回到了原来的写法——"松江"。此只是古人留下的疑案,也不必非得争出一个青红皂白来的。

# "沪"是什么

上海简称"沪"。如上海方言叫作"沪语",上海地方戏剧叫"沪剧",以上海为起讫点的铁路公路有"京沪铁路"、"沪宁线"、"沪宁高速"等,于是,人们一定想知道,"沪"是怎么来的,这"沪"又是什么东西。

今人在追溯"沪"与上海的关系时往往会提到唐朝文学家陆龟蒙,他的《渔具诗序》中讲:"网罟之流,曰罠、曰罾……列竹于海澨曰沪。"

上海附近的水乡城镇

后人对陆龟蒙的文章的理解并无歧义,即吴淞江(流经上海市区段俗称"苏州河")发源于太湖,向东流经今上海后注入大海,是太湖流域最大和最重要的河流,据记载,唐代时吴淞江最宽处达二十里。吴淞江通大海,受潮汐的影响,每隔若干小时会有涨潮和落潮,尤其是每月(农历)的初三和十八大潮时,潮位的落差可达三到四米,近海处可以达到五米以上,于是,渔家充分利用这一自然规律,把竹子编排成竹栅插入江的近岸处,涨潮时,就有鱼虾之属随潮水越过竹栅,而落潮后,潮水退去,就有不少鱼虾被拦在竹栅内,大大方便了捕捞,这就是陆龟蒙讲的"列竹于海澨曰沪"。

吴淞江是入海的河流,有潮涨潮落的自然规律和现象,实际上所有入海的河流都会有这种现象,应该讲,并不见得只有吴淞江一带的渔民使用"沪"作业,其他地方的人也会利用这种自然规律捕捞。

唐戴叔伦《别留道州李使君圻》诗:

> 渔沪拥寒流,畲田落远烧。

宋陆游《村舍》诗:

> 潮生鱼沪断,风起鸭船斜。

清王士禛《盆鱼》诗:

> 出入荇藻绝簖沪，笑渠残鲶矜王余。

陆游诗称"沪断"，王士祯诗则称"簖沪"，这两个名称指同一物，即今江南乡民称之"蟹簖"的捕捞工具。陶宗仪，字九成，号南村，元末明初人，原籍浙江黄岩，寓居上海松江泗泾，所以他的著作中经常会提到"上海故事"。其《南村辍耕录·卷八·蟹断》中讲：

> 陆龟蒙《蟹志》云：稻之登也，率一穗以朝其魁，然后任其所之，蚤(早)夜曹沸指江而奔，渔者纬萧承其流而障之，名曰蟹断。然"纬萧"二字尤奇。

陶宗仪提到唐龟蒙写过一本《蟹志》，就是关于蟹的专著，据我所知，宋人傅肱著有《蟹谱》，是存世最早的关于蟹的专著，如此看来，唐陆龟蒙的《蟹志》应该是最早关于蟹的专著，可惜已散佚了。《蟹志》这段话的大意是——当秋天收割稻谷时，江南的大闸蟹也成熟了，捕蟹人先用芦苇编排成栅，插到河蟹可能会经过的河里，人们只须用一支稻穗去逗引一只特大的蟹，然后任凭这只大蟹爬走，没过多久，四处的蟹会从各处钻出来，追随那只大蟹往江河里奔走，场面十分壮观，而蟹在跨越人们早已设置好的"纬萧"时，它们的八足二螯就成了累赘，被芦苇的茎叶缠着而无法逃脱，渔民们只要划一扁舟俯拾而已。这种"纬萧"而制的"沪"，陶宗仪已称其为"蟹断"，所谓"蟹断"就是断蟹退路的工具。"断"是动词，而实际上"断"大多是以竹子编排的，所以陶宗仪对陆龟蒙使用"纬萧"一词感到特别新奇,后来"断"多写作"簖","蟹断"多作"蟹簖"。陆游是宋人,他与元朝的陶宗仪写作"断",而王士禛是清人,他则写作"簖"。

清孙晋灏《食蟹》诗:

荒浦飒飒绕渔舍,西风昨夜清霜严。
一星远火照秋水,郭索数辈行僛僛。
铓鳑博带纷出簖,厥名则异实则咸。
往常但侈鱼肉味,尖团嗜好殊酸咸。

诗中的第三句中的"咸"是"全"的意思,"厥名则异实则咸"即蟹有许多不同的名称,实则上是同一样东西,第四句的"咸"才是指像盐的味道。江南水乡,星散分布着无数的渔家,到秋日来临,西风乍起的季节,江面上就出现许许多多的蟹簖,蟹簖上还挂着无数的油灯,蟹会朝着亮光爬来,当它们的八脚被蟹簖上的破网缠着后,它们就被束脚待擒了。一直到二十多年前,江南人仍以这种方式捕蟹,而如今,蟹大多被人工养殖,这种田园风光也从此消失了。

清人顾禄《清嘉录·卷十·煤蟹》中讲:"陆龟蒙《渔具诗序》:'网罟之流,列竹于海澨。'注:'吴人谓之簖'。"清黄叔璥《台湾使槎录·赋饷》中讲:

沪者,于海坪潮涨所及处,周围筑土岸,高一二尺,留缺为

> 门……潮涨淹没沪岸,鱼蛤随涨入沪,潮退,水由沪门出,鱼蛤为网所阻。宽者为大沪,狭者为小沪。

台湾是岛,四周是海,潮汐涨潮落潮十分明显,人们在沿海的滩地上围起"岸",在"岸"上留下若干缺口,在缺口上装置网,当涨潮时,鱼蛤随潮水冲入"岸"内,退潮时,鱼蛤被拦在"岸"内,这种捕捞设施也叫作"沪",现在清楚了,这一类利用潮汐设计的捕捞工具或设施都叫作"沪",如用其捕蟹称之"簖",也可以合称之"簖沪"或"沪簖"。而"沪"当是各地都有的捕捞工具,为什么只有上海被称之"沪"呢?!

陆龟蒙(?—881年)卒于唐朝晚期,而此一年代,今上海市区的相当一部分土地还是海滩,上海这个地名还没有出现;陆龟蒙是长洲(治即今苏州)人氏,世居"吴江甫里",即今天江苏昆山市甪直镇,现在的甪直还有陆龟蒙墓,此地距今天上海市区一百余里,显然,陆龟蒙《渔具诗序》中讲的"沪"是讲他家乡附近吴淞江上的"沪",也许由于吴淞江上有许许多多的"沪",吴淞江也被叫作"沪"或"沪江"。北宋朱长文《吴郡图经续记》中讲:

> 松江东泻海,曰"沪海",亦谓"沪渎"。"沪",水名也。凡水发源而注海曰"渎"。

凡是通往大海的大河都可以被叫作"渎",古人确实是这样认为的,如《尔雅·释水》:"江、河、淮、济"为四渎,四渎者,发源注海者也,吴淞江上有许多的"沪",而它又是一条直泻大海的大河,所以它也被叫作"沪海"或"沪渎"。问题还在于古代的吴淞江发源于太湖的瓜泾口,在今上海东北的吴淞口注入大海,全长130公里以上(今长125公里),沿江的许多城镇都有可能被叫作"沪",而为什么独上海称"沪"呢,这还得从历史上吴淞江的一个著名建筑物——沪渎垒讲起。

据《晋书·孙恩传》中记:孙恩,字灵秀,是孙秀的族人,世奉五斗米道,以妖术惑人,聚众数万人,还拥有一支庞大的海上武装,曾"自海上攻上虞,杀县令,因袭会稽",他们从沿海登陆,先后攻陷上虞、绍兴,控制了今浙东一带,晋隆安三年(399年),孙恩又决定从海路进入吴淞江,沿吴淞江西进攻打苏州,于是,"吴国内史袁山松筑沪渎垒,缘海备恩"。两年后,孙恩果然率军北上,在"沪渎垒"处与袁山松部发生激战,"山松守沪渎城,城陷被害"。《世说新语·德行》中也有记载,说:

**袁府君即日便征,遗已聚敛得数斗焦饭,未展归家,遂带以从军,战于沪渎,败。**

袁山松的尸体被他的部下葬在沪渎垒相近的地方,从此,沪渎垒就成了古战场遗址,袁山松墓也成了名人墓而出了大名,而《世说新语》是一本流传至今的"畅销书",也是读书人必读的书,这样,沪渎垒的名气就更大了,路过此地的文人骚客会作"凭吊"诗,即使没有"到此一游"者也会作诗怀古。

元末平江(苏州)路总管贡师泰兵败后转迁上海、作诗云:"避难吴

淞江,出游沪渎垒",明诗人唐奎诗:"吴淞江上沪渎垒,千年何处寻遗址"。清乾嘉学派领袖人物王鸣盛《练川竹枝词》:

  沪渎遗墟满绿芜,东吴内史漫捐驱。
  不知陵谷销沉后,还有沙中折戟无。

顾翰《松江竹枝词》:

  沪渎荒芜古垒斜,灵旗拂拂卷黄沙。
  山农不晓前朝事,漫把将军唤筑耶。

  沪渎垒位于原吴淞江近入海口处,至迟在宋代就已坍塌了,而当明永乐的"江浦合流"工程中,旧吴淞江下游水道被废了,这个早已坍陷了的沪渎垒彻底地消失了,所以古人有"千年何处寻遗址"之叹。不过,上海人始终认为沪渎垒或沪渎城就在离上海不远的旧吴淞江处,大概到了清朝中期以后,上海人就把"沪渎城"与上海直接挂起句来,把上海别称"沪城",如初刻于清道光的张春华著《沪城岁时衢歌》中的"沪城"就是"上海",后来上海也被叫作"沪上",于是"沪"就成了上海的别名或简称。至于"沪渎垒"在哪里,另文叙述。
  按行文惯例,也要作一小结——沪在古代指一种利用潮汐自然现象而设计的一种捕捞工具,由于吴淞江上多"沪",于是吴淞江曾被叫作"沪"、"沪海"、"沪渎"、"沪江"等名,而吴淞江近海口有一个古战场遗址——沪渎垒,它与上海县城的距离相近,于是上海人把自己的邑城称之"沪城",后又省而为"沪",上海简称"沪"得名于"沪渎垒",而与古代抓鱼的"沪"没有关系,所以,仅凭"沪"便把上海城市的起源归于一个小渔村,这是一种无知的自说自话。

# 发现"沪渎垒"

"沪渎垒"是上海的历史地名,也是上海地区为数不多的古战场之一,并对后来上海的一些地名产生重要的影响。沪渎垒是一个军事设施,这个设施很早就消失得无影无踪,后人只能到零星的历史材料和偶尔提到它的古诗中去追寻它的遗迹。因而,对于沪渎垒的具体位置,众说纷纭。

据《晋书·虞潭传》记载:虞潭,字思奥,会稽余姚人,是三国名士虞翻的孙子,东晋成帝(326—334年)即位时,出任吴兴太守,诏转吴国内史。时军乱,百姓饥馑,因出仓米赈济,"又修沪渎垒,以防海抄,百姓赖之"。原来东晋时,江南战乱不已,浙江豪门的军队不时从海上进犯吴淞江,再沿吴淞江西上进攻苏州及太湖地区,百姓深受其害,于是吴国内史虞潭在沪渎吴淞江口的地方兴建军事堡垒,防御和打击入侵的浙江豪门,暂时保护了一方平安,虞潭因而深受百姓景仰。

又据《晋书·袁山松传》《资治通鉴》等古籍记载,东晋隆安三年(399年),浙江五斗米道首领孙恩揭竿兴兵,率兵十万从海上破上虞,陷会稽(今绍兴市),并计划从海上入吴淞江进攻吴郡腹地。晋将袁山松立即加固扩建沪渎垒。次年十一月,孙恩果然向吴淞江进军,在这次战争中"山松守沪渎城,城陷被害",而"孙恩北出海盐……进向沪渎。帝弃城,追之"(《南史·宋本纪》)。这里把"沪渎垒"写成"沪渎城",显然这个城防建筑的规模经袁山松扩建后比当年虞潭兴建的沪渎垒要大多了。

已故复旦大学教授、著名历史地理学专家谭其骧先生也曾对沪渎垒的位置作过考证,认为沪渎在今青浦崧泽村附近。理由之一,晋代上海的海岸线在此一线;之二,袁山松战死后就被埋葬在沪渎垒附近,古人直书,袁山松之"山松"直书,很容易被误读为"崧"。谭先生进一步推断,袁山松应该叫"袁崧",被人误作"袁山松";"崧泽"古代作"崧宅",即"袁山松宅"。上海辞书出版社出版的《中国历史大辞典·魏晋南北朝史》中"孙恩"、"袁山松"条均指明沪渎垒在"今上海青浦东北",显然采用了谭先生的说法。

已故上海历史地理专家祝鹏对上海历史地名的研究作出过重大贡献,其《上海市沿革地理》也对沪渎垒的位置作了考证,他也以为沪渎垒在今青浦。不过,有些考证方法还有待推敲。如该书中说:

> 北宋陈林《隆平寺经藏记》说,青龙镇(该镇曾为青浦县治,今称"旧青浦")"瞰松江,上据沪渎之口",断句在"江"字下,比断在"上"字下,文气比较有力,而意亦较贴切。即沪渎之口,是在青龙镇的上游,亦即沪渎垒在青龙镇的上游。

此说以揣摩古文、拟改句读的方式断论，恐怕会离史实较远。

南宋《绍熙云间志》（"云间"是古代上海的别名）是上海出现的第一部方志，其中对沪渎垒作了详细介绍：

> 沪渎垒。旧有东、西二城。东城，广万余步，有四门，今徙于江中，余西南一角；西城极小，在东城之西北。以其两旁有东、西芦浦，俗呼为"芦子城"……今为波涛所冲，半毁江中。

在字里行间表明作者不仅看到过沪渎垒，而且到实地作了认真的观察和记录。他看到，沪渎垒有东、西二城，西城很小，已有一半被江水冲垮；东城较大（有四个城门，是否即袁山松扩建之城），大部分已被淹没江中，仅余下"西南一角"遗剩在江边上，这就提供了一个重要的情况：沪渎垒是在吴淞江的南岸。特别重要的是，作者提到了沪渎垒附近的两条河流"以其两旁有东、西芦浦，俗呼为'芦子城'"。河流名称通常沿称久长，根据《绍熙云间志》的这一记载，我们只要以吴淞江为纵轴线，就可以确定耐人寻味的"沪渎垒"的基本位置了：

《绍熙云间志》中又记道：

> 西芦浦，在县东北八十五里。
> 大芦浦，在县东北八十五里。

中国古代没有测绘学，测距能力是较差的，这两条河均在"县东北八十五里",说明两河靠得很近。严格地讲,"云间"是古松江地区,即原华亭县的别名,南宋时此地只有华亭县(上海县是元代分华亭东北五乡设置的),这里的"县"是指华亭县城,即今松江城厢镇。沪方言中"大"与"东"近音,这里的"大芦浦"当是"东芦浦"之讹。

明《弘治上海县志》中记:

> 西芦浦,在二十七保。
> 大芦浦,在二十七保。

古代,县以下设乡、保、图三级行政管辖单位。《光绪上海县续志》中讲:

> 凡老闸以西,淞北各图全隶江桥,独二十七保十一图,宣统自治隶新闸。

《光绪上海县续志》附有上海县乡保图,从该图可见,"二十七保"在今闸北区西部及普陀区的大部分。

我们一般把《同治上海县志》视为编得最为详实的上海方志,该志对"东、西芦浦"位置的记录更为精准:

> 西芦浦,即古"芦子浦",入口处在今曹家渡南,由康家桥、梅家桥,合朱家浜(即今诸安浜)、西涌泉浜、蛛丝港,南出陈泾庙西,

通肇嘉浜西,南流出芦浦桥,合龙华港以达于浦(即黄浦)。

东芦浦,一名娄浦,又名碇钩浦。引(吴淞)江水,在徐公浦合朱家浜、东涌泉浜、闸港,南、北长浜,出带浦桥,通肇嘉浜,南入蒲汇塘。

清同治距今不足一百五十年,志中提到的如曹家渡、康家桥、陈泾庙(在今宛平路、肇嘉浜路口东北角)、肇嘉浜、带浦桥(打浦桥)、蒲汇塘等地名与河流今仍在,而涌泉浜、朱家浜(今朱家湾)、长浜(1923年被填,筑成今延安中路)等,稍经考证即可知道它们的位置,实际上在清末民初的上海地图中还能找到东芦浦和西芦浦。吴淞江在曹家渡处形成一个呈锐角的急转弯,曹家渡以西的吴淞江呈南北流向,所以,所谓"曹家渡南",就是"曹家渡西",或"曹家渡上游的吴淞江"。《民国法华乡志》就直接讲:西芦浦被填筑为华伦路,又叫霍必兰路,即今古北路,古北路与吴淞江相交处名"周家桥"。"徐公浦"也见于同治、光绪志的记载,《光绪上海县续志》的附图中还明确标出了它的位置,该位置相当于今普陀区内光新路沪宁铁路口;"朱家浜"则在今中山北路志丹路口附近,该地今仍称"朱家湾";"带浦桥"即今"打浦桥";原来的"东芦浦"在民国及1949年后被填,筑成今石泉路和光新路、志丹路。这样,我们就可以推断出,沪渎垒的位置在旧吴淞江边,今周家桥和光新路之间。

很有意思的是,旧时上海普陀区有"三湾一弄",是上海知名度很高的棚户区,其中"三湾"即指苏州河的三个弯口,分别是朱家湾(近今光新路)、潘家湾和潭子湾,后两湾已被建为"中远两湾城"住宅区,此"二湾"即取原潘家湾和潭子湾两湾之义。前面已讲过,最早筑沪渎垒的是晋朝的吴国内史虞潭,而虞潭恰又被时人尊称之为"潭子",如大胆假设,这"潭子湾"是否就是以距虞潭筑的沪渎垒很近而得名的呢!

现在,我们已经确定沪渎垒的旧址就是以今周家桥与光新路为纵轴线的中间,如果再确定下它的横轴线,就基本上找到了古沪渎垒的位置,而沪渎垒在吴淞江的南岸临江,也就是讲,只要找到这里一段吴淞江的古道就可以了。而我在本书介绍吴淞江的文章中已经讲了,历史上的吴淞江是一条江面很宽的河流,长期以来,它就是华亭县与昆山县,松江府和昆山、嘉定、宝山县的天然分界河,而且这一局面一直到清末没有变化,而吴淞江下游故道又大致相当于今天的西虬江、虬江路和东虬江,省去繁复的考证,只要找到一份清末的测绘地图,上海县与宝山县的县界就是旧吴淞江故道,我手头就有这样的地图,而今志丹路延长路口就是古代吴淞江故道的南岸,也就是讲,沪渎垒的位置应该就是在这里。

2001年5月3日,位于普陀区志丹路延长西路口的住宅区"志丹苑"在打地基时,在距地表约七米深处遇上硬物,打桩机移动位置继续打桩,依然被硬物阻挡,此事上报上海市文物管理委员会后,即邀请专业单位用雷达高密度电阻法探测,确定该工地的一千五百平方米范围的,地下七米处均有硬物,工地四周已建成大楼,无法探测,因此可以肯定,地下硬物的面积比实际探测到的要大。这件事情立即引起市政府的关注,并决定以人工发掘来查明这些地下硬物究竟是什么东西。

后来查明,地下铺满了经过加工的厚25厘米的方石板,板与板之间用长23厘米、形似家用绕线板的铁锭榫加以拼接,这是中国古代比较考究的石板拼接法;石板下面铺垫一层约15厘米厚的企口板,犹如今天家庭装潢中在条形地板下再铺一层机制木板;在企口木板下面是用大量长圆木柱打下的排桩,显然是为防止木板、石板下沉而打的。开挖过程中,又在遗址的东侧发现两根边长共90厘米、高6米多的正方形石柱,间距6.8米,呈南北相向,相对的一面各有一条宽28厘米、深17厘米的凹槽。这种形制使人立即想起这是水闸的闸门柱,于是有关方面推断,这是古代的河流断流水闸。在发掘过程中,又在土层中出土了一些元代和明代砖瓦、瓷片。又根据史书记载,松江人任仁发"先后于元大德八年(1304年)、十年(1306年)、泰定元年(1324年)受命疏浚吴淞江下游,并置石闸、木闸数座,以限潮沙",推断这是一座元代水闸。

我们知道,南宋以降,吴淞江逐渐出现淤塞,而且程度每况愈下,但是到元代任仁发治理吴淞江时,吴淞江仍然被视为太湖流域的第一大河,所以,任仁发的江南治水仍以疏通吴淞江为主;当时这里一段吴淞江的宽度到底是多少,现在谁也讲不清楚,但是肯定超过一百米。而这个"闸门"的门距只有6.8米,假若它真是设在吴淞江江面上的,那么它的作用就不可能是截断水流,"以限沙潮",所以可以断定,它不可能是吴淞江上的水闸。

那么它有没有可能是吴淞江支河的水闸呢?上海是江南水乡,河道纵横,沟渠棋布,元至元二十九年(1292年)建上海县时,上海仅是只有几万户的滨海小县城,而遗址的位置却在距县城十几里之外的荒郊,当时的人们是没必要在这个远距县城的荒郊,化费巨资去建造一个起不了任何水利作用的"水闸"的。

那么,在什么样的前提下人们才会以正常工程的十几倍,甚至更高的费用去兴建"水闸"呢?只有军用设施!前面已化了大量的笔墨考证沪渎垒的位置,而志丹苑"水闸"遗址恰恰就在沪渎垒所在的位置;沪渎垒是设在吴淞江口防止和打击从吴淞口进入的敌船的,所以它应该是一个类似今天的军港或水军基地,这里停靠许多战船,一旦发现敌情,战船立即离港出击。可以推断,在志丹苑发现的"水闸"遗址是古沪渎垒的一部分,即战船停泊处的水闸门。

实际上,随着发掘工作的进一步深入,在遗址处还出土了宋代,甚至唐代晚期的陶瓷碎片,这又证明该"水闸"的建造年代比元代早得多,使人更有理由相信,它就是古沪渎垒的遗迹。

沪渎垒是古代上海著名的古战场,上海简称"沪"与其有很大关系。希望有关部门考虑,在沪渎垒遗址上建立一个与之相关的主题博物馆,此举可将上海的历史文化名城品质提高一步,功莫大焉。

# 上海不是渔村——是酒乡

纂成于南宋绍熙四年(1193年)的《云间志》是我国南宋时定型的方志中编纂得较好的一部,也是上海地区最早的地方志。《云间志》中记:

上海浦。在县东北九十里。

《云间志》以华亭县为中心,文中的"县"是指华亭县治,就是今天的松江城厢镇,上海浦在华亭县治东北九十里,大致上就在今天的上海市中心区,但《云间志》并没有记录到"上海"这个地名,于是,后人一般认为"上海"得名于这条叫"上海浦"的河流。史学的责任之一就是追根究底,此一推论可信吗?!

上海地名在文献上的最早出现见于根据北宋皇家档案编纂的《宋会要辑稿·食货十九·酒曲杂录》文曰:

秀州旧在城及青龙、华亭……上海……十七务,岁十万四千九百五十二贯。熙宁十年,租额一十一万七千八百九贯七十三文。

这是北宋的征税统计。秀州是州名,州治即今嘉兴市,北宋时期华亭县曾隶属秀州,青龙即今旧青浦,华亭即今松江城厢镇,那"上海"当然就是今日之上海。"务"是古代的衙署名称,主要掌管贸易和征税,《文献通考·征榷一》:"(宋)凡州县皆置务,关镇或有焉,大则专置官监临,小则令佐兼领。"宋朝的"务"相当于"税务局",征税额大的地方,可能由专门的人员管理,征税额不大的地方,就由县政府兼管,由此可以说明,上海地名至迟在北宋熙宁时已经出现,它不是行政建置,而是一个以"酒曲"为主的市场。北宋熙宁十年是公元1077年,它比南宋绍熙四年,早了近百年,也许,上海不必得名于上海浦,而上海浦得名于上海务。

江南是稻米的种植区,自然也生产米酒。张蕴,字仁溥,邗州(今江苏扬州附近)人,大约生活在南宋理宗时期(1225—1264年),《南宋六十家集》收录他的《斗野稿支卷》,其中有《上海》诗一首,这是我知道的最早以"上海"地方为题的诗咏,诗曰:

> 梦醒三更鹤,芦边系短裙。
> 听瀚看海月,坐石受天风。
> 物至秋而化,年来我亦翁。
> 长歌相劳事,犹喜此樽同。

诗人半夜被鹤唳惊醒,于是系着短裙来到江边,遥望一轮明月,倾听波涛拍岸声响,尽情享受大自然的天外来风,不免触景生情,岁月流逝,老冉冉之将至,唯有对酒当歌,可至永远。这不是"饮酒歌",但"酒"与"上海","上海"与"酒"就那么自然地联系在一起。

明朝松江人何良俊,字元郎,其《四友斋丛说·卷十四》中有这样一段话:

> 青龙自唐宋以来,是东南重镇也。相传有亭桥六座。亦通海舶,由白鹤江导吴淞出海。宋时设水监于此,盖以治水利兼领海舶也。宋时卖官酒,酒务亦在此,江南所卖官酒,皆于此制造。入我朝来,水道湮塞,而此地遂为斥卤矣。

青龙也是北宋的秀州十七个酒务之一,这里生产酒是可信的,但江南销售的官酒是否"皆于此制造"就未必可信了。到了南宋末年,吴淞江淤塞加剧,海上航运和贸易的通道被堵,青龙镇日渐衰落,水质不好也影响了酒的品质和产量。

韩瓶是上海地区对一种宋朝古陶瓶的称谓,陶瓶多灰胎、褐釉,腹略鼓、长筒状,有四耳或双耳,便于携带或塞盖,容积约一升,即大概可装两斤酒或水。"韩瓶"一词不见于古籍的著录,只是上海地区,尤其是今上海市青浦区一带百姓对此种瓶的称谓。诸多传说认为韩瓶与南宋初抗金名将韩世忠的故事有关。

韩世忠,字良臣,追封蕲王,谥忠武。延安人。北宋末以偏将随王渊讨伐方腊,并生擒方腊。南宋初,宋高宗授平寇左将军,屯兵淮阳,后守镇江。金兵南下时,韩世忠"以八千众与金师十万相持黄天荡四十八日",金兀术被迫北撤。韩世忠在江南沿线设立伏兵之所二十余处,当金兵再次越长江南下时,韩世忠的伏兵四起,金兵又大溃,从此金兵不敢南下,确保南宋政权的安定。于是江南流传许多关于韩世忠抗金的故事。韩瓶即其中之一。一说,韩世忠部下均为北方人,不善水,而江南是水乡,于是韩世忠督令生产韩瓶,士兵随身携带,用作"救生圈",渡水时使用。《上海文物博物馆志·第三章·酒瓶山》条释文:

> 在青浦县白鹤乡陈岳村,古青龙镇(又作旧青浦)故址,乃一小土墩,土墩内埋有大量陶瓶。陶瓶皆灰胎,釉褐色,长筒形,有四耳或双耳,制作粗糙,敲之铿铿有声。为宋元时期普遍使用的酒瓶。酒瓶之来源有两说,一说青龙镇在宋代有酒务和酒场,酒瓶山在青龙务旁,应是酒场所弃之酒瓶,后人以土覆盖成山;另说为宋代抗金名将韩世忠犒军的酒瓶,俗称韩瓶。酒瓶山占地四亩许,民国二十四年(1935年)当地人立"南宋酒瓶山遗址"石碑,建国后辟为果园,1959年公布为青浦县级文物保护单位,"文化大革命"期间,被夷为平地,石碑不知去向。

赵彦卫是与韩世忠同时代的人,其《云麓漫钞·卷七》中有这样一段记录:

> 建炎中兴,张、韩、刘、岳为将,人自为法,当时有"张家军"、

"韩家军"之语。四帅之中,韩、岳兵尤精,当时于军中角其勇健者,令为之籍。每旗头押队阙,于所籍中又角其勇力出众者为之;副将有阙,则于诸队旗头押队内取之。别置亲随军,谓之"背峞",悉于四等人内角其优者补之。一入背峞,诸军统制而下,与之亢礼,犒赏特异,勇健无比,凡有坚敌,遣背峞军,无有不破者。见范参政致能说。燕北人呼酒瓶为"峞",大将之酒瓶,必令亲信人负之。范尝使燕,见道中人有负罍者,则指云"此背峞也。"故韩兵用以名军。"峞"即"罍",北人语误,故云"韩军误用字耳"。

韩世忠的部下大多是北方人,部队组织严密,其中有一支"敢死队",战斗力很强,待遇也特优,"敢死队"的士兵身上都背有酒瓶——"峞",于是被叫作"背峞军",我想,这些所背的酒瓶应该是"背峞军"的待遇,而当韩世忠的部队南下江南后,在紧急时刻,将酒瓶中的酒倒掉,酒瓶又是一可以帮助泅水的"救生圈"。我认为,韩瓶是当年韩世忠的"背峞军"的遗物的可能性还是挺大的。

陶宗仪是元末明初大学问家,浙江黄岩人,定居今上海市松江区泗泾镇,其《南村辍耕录》中收录了当时人写的《行香子》词,十分有趣,抄录如下:

浙右华亭,物价廉平,一道会买过三斤。打开瓶后,滑辣光馨,教君霎时饮,霎时醉,霎时醒。

听得渊明说与刘伶者,一瓶足足三斤。君如不信,把秤来称。

有一斤水,一斤土,一斤瓶。

大概到了元朝以后,上海地区已生产不出品质好的酒,酒业就衰落了。当然,还在于吴淞江淤塞严重,海船已无法从海上进入青龙镇,到南宋乾道二年(1166年),原来设在青龙镇的市舶司也迁到明州,也就是今天的浙江宁波市。青龙镇在贸易上的地位衰落,那些多余的酒瓶被抛弃,后又被堆土成了"酒瓶山"。

以前,上海西部的青浦地区经常有韩瓶出土,除了文物价值外也无太大的用处。我在青浦的对岸——嘉定有不少朋友,嘉定出大蒜头,品质极佳。当地人会用瓶腌制糖醋大蒜,方法很简单,只需要找几只瓶

清代嘉定的水乡风光

口稍大(至少能将大蒜头放入瓶内)的瓶,倒入米醋,放入大蒜头,封瓶后静置,再定时晃动瓶即可,当地的农民常将装有大蒜头的瓶放在吃饭的桌子下,吃饭时顺便用脚滚动瓶子,他们讲,此法可以减少大蒜头的腌制时间,而且吃口也较佳。一次,我在一朋友家的饭桌下见到几只韩瓶,他告诉我这是用来腌大蒜头的,于是我就向他要了一只,这只韩瓶现在是我的不多的收藏品之一。现在,韩瓶的存世量很少,除了少数的几家博物馆藏有几只外,没见有民间收藏,我收藏的那只韩瓶品相极佳,价钱也不菲啊!

# 苏州河上的闸和闸桥

历史上的吴淞江是太湖流域最大的河流,它横贯今上海市区,把上海分为浜南和浜北,吴淞江很宽,建桥的费用很大,另一个重要的原因是,吴淞江只是县城北郊的河流,要过江的人数并不多,依靠分散在沿江的渡船足以解决,所以,吴淞江上建桥是很晚以后的事了。

原来的吴淞江是直通大海的,在明永乐的"江浦合流"治水工程中,吴淞江变成了黄浦的支流,吴淞江水并入黄浦后注入长江口,受潮汐的影响,吴淞江的下游潮涨潮落的现象依然十分明显,古人注意到,当平潮时,吴淞江水流放慢,江水中夹带的泥沙容易沉淀下来,而涨潮时,江水还会将泥沙倒冲入上游,使吴淞江淤结的速度加快,于是就想出了一个防止泥沙沉淀的办法,就是在吴淞江下游近黄浦的地方建闸,当涨潮时关闭闸北,可以阻挡潮水,而落潮时开启闸门,可以利用水的力量将泥沙冲出闸门外。不过,旧志中并没有记录建闸的年代和过程,倒是《同治上海县志·卷十·私祀》在记"通济龙王庙"时提到了这个闸,原文曰:

> 通济龙王庙,今称大王庙,在吴松老闸口(至元《嘉禾志》云:"在府东北沪渎")。相传钱氏有国已庙食此土(王彝有《神弦》曲)。宋景祐五年,叶清臣浚盘龙汇,祷神有应,重新之,刻祭文于石。明隆庆间,海忠介瑞筑闸时重建,奉金龙四大王。

在元至元年间(1264—1294年)设松江府以前,上海县尚未设立,上海之地属华亭县,县治即今松江,而华亭县又属嘉禾郡,郡治即今嘉兴市,所以《嘉禾志》中有今上海地区的一些记录。据传,早在钱镠建立吴越国时,在沪渎已经有了"沪渎龙王庙",宋朝叶清臣浚吴淞江时,还专门作《祭沪渎龙王文》,并将祭文刻在石碑上。明隆庆年间(1567—1572年),时任应天巡抚的海瑞疏浚吴淞江,此时的吴淞江下游就是今天的苏州河,海瑞就在今苏州河上建闸,还专门重建了一座"通济龙王庙",不过,庙里供的不是原来的"龙王",而是"金龙四大王",也许,这位"金龙四大王"的神号中也有一个"龙",也许,关于这位"金龙四大王"的传说与明朝的开国皇帝朱元璋有关,本文在下面还会交代清楚。

古代流传下来的祭神文很多,但其中涉及上海的祭神文很少,了解一下古代祭神文的体例格式今后一定受用,《云间志》、《同治上海县志》均收录了叶清臣《祭沪渎龙王文》全文,抄录如下:

> 维景祐五年,岁次戊寅十一月癸巳朔五日,两浙诸州水陆计度转运副使、兼提点市舶司、本路劝农使及勾管茶盐矾税、朝散大夫、太常承直史馆、骑都尉、赐紫金鱼袋叶清臣,谨遣供奉官商量

湾巡检刘迪,以清酌庶羞之奠,致祭于沪渎大王之神：清臣叨被朝恩,出持使斧,观采风俗,询究利病。上分天子之寄,下救斯民之瘼。职思其守,靡敢怠遑。眷惟全吴,旧多积水,加以夏秋霖潦,田畴污没,浩浩罔济,人无聊生。闻诸乡老之言,患在盘龙之汇。但陵谷迁变,枉直倍差,水道回遹,潮波壅滞。自乾兴以来,屡经疏决,未得其要,不免为沴。苏、秀之人皆云：神故有庙在江涘,钱氏有土,祀典惟虔。霜星贸移,栋宇崩坏,官失检校,民无尊奉。自时厥后,岁亦多水。且谓神不血食,降灾下民。清臣躬行按视,徇人所欲,乘乎农隙,酾此江流。神果有灵,主斯蓄泄,敢告无风雪,无瘥疠,举畚而土溃,决渠而水降,改昔沮泽,化为壤田。即当严督郡县,修复祠貌,春秋致飨,蘋藻如故。若疲吾役夫,不能弭患,则我躬不阅,遑恤于神。惟神聪明,昭鉴无忽。尚飨！

祭文中提到的"商量湾"就是今天的"江湾",它原是位于沪渎的一个河湾。

至于"金龙四大王"是哪一路神仙,说法颇多,比较一致的说法,他是谢太后的族兄谢绪,是南宋会稽(今绍兴市)人。谢绪兄弟四人,他排行老四,并长期隐居在钱塘金龙山,人称"金龙四大王"。南宋末年,谢绪出山抗金,南宋亡后,他也投水自尽效忠,临死前作《囚诗》一首,云：

立志平生尚未酬,莫言心事付东流。
沧胥天下凭谁救,一死千年恨不休。

他的学生问他,诗中所讲"沦胥天下凭谁救,一死千年恨不休"是谶语,而此谶语何时会兑现,他就讲:"黄河水逆流,是吾报仇日也。"几十年后,全国爆发了反元起义,朱元璋是众多义军中最主要的一支,朱元璋率兵与元军作战时被元军层层围困在吕梁的黄河边上,正在存亡危急之际,突然从云中闯出一位神人,一声威喝,黄河水为之倒流,正在顺水而下追击朱元璋的元兵被倒灌的河水冲击而溃退,朱元璋逃过了劫难。这天夜里朱元璋梦见了这位神人,方知他就是宋末抗金英雄——金龙四大王谢绪。朱元璋登基后即下令封为水神,并在各地建庙。据《同治上海县志》中讲,谢绪"宋亡死节为河神,明始封金龙四大王,庙祀江南宿迁县,国朝顺治三年,敕封显佑通济金龙四大王,康熙三十九年,加封昭灵效顺,乾隆二十二年,加封广利安民,五十三年,诏祀于滨河各邑,嘉庆二十五年,加封惠孚二字。"到了清朝,大凡水灾严重的地方,大多会建通济金龙四大王庙,许多地方省呼为"大王庙"。海瑞疏浚吴淞江,兴建吴淞江水闸后,就在闸之侧,吴淞江的南岸建造了通济

建于1864年的老闸桥,中间设有吊桥

龙王庙,供奉水神金龙四大王,这座庙很小,一直到解放初在老闸桥之侧的厦门路7号还有"金龙四大王庙"。

吴淞江是上海与江浙沟通的主要河道,每天有很多的船往来于上海与周边地区,而水闸根据潮汐开闸闭闸,当闭闸时,已到闸边的船只只能抛锚,等待开闸后继续起航,于是这里也成了上海北郊的一道风景线而被清人列为"沪城八景"之一的"吴淞烟雨",并作诗曰:

闸门潮长水如春,去去张帆拂柳浓。

别有归舟烟雨里,迎潮无奈泊吴淞。

许多穿梭在吴淞江的船只经常因闸门关闭而泊在闸旁的江上,于是,在闸的北面就形成了一个镇市——老闸市,在1947年的上海地图中,在福建路桥北面有一条叫"老闸街"的小路,这应该是当年"老闸市"的遗迹。

清代的曹一士是一位学人,学人往往以丰富的想象代替科学,他有《吴淞闸善后议》一文,主张闸永远关闭,不要开启,文曰:"昔有张宸书曰:江与浦通(这里的"江"指吴淞江,"浦"指黄浦),宜使江水入浦,不可使浦水入江;江入于浦,则江利而湖水平;浦入于江,则江塞而湖水壅。"而实际上,在江中建闸是喜忧参半的。叶梦珠,字滨江,号梅亭,其自述"予生明季,旋遭鼎革",当是明末清初上海人,其《阅世编》所记多为亲历、亲见、亲闻的上海故事,《阅世编·卷一·水利》中有这样一段话:

吾生之初,吴淞淤塞已久……即于本年(根据前文,这里指康熙十年)十二月经始吴淞,朝廷拨江、浙二省正供银一十四万余两,给发士民,募夫开浚,除一夫计给工食银二两五钱外,甲户又倍加其值,而后远近响应,群趋赴工……又恐浊潮澄泥而江易淤也,复建闸于上海之北郊,以时启闭……但闸虽设而水不可障,浊潮出入,去江口不数里,水已渐浅,将来又有淤塞之虞耳。

叶梦珠称康熙十年"复建闸于上海之北郊",应该是又新建的一个闸,但是在旧志中并不见有康熙建吴淞江闸的记载,估计"复建闸于上海北郊"应该是将旧闸拆除后在原址重建,叶梦珠是看着闸建造的,几年后又看到闸附近淤塞现象出现,并担心这里不久又要淤塞了。

雍正年间,时任松江知府的周中鋐决定放弃旧闸,在旧闸之西重建一座新闸,不幸的事发生了,周中鋐在拦河筑闸时以身殉职,上海人自发为周中鋐建立专祠——周太仆祠,到道光时,两江总督蒋攸铦、江苏巡抚陶澍还上奏为周中鋐建立专祠(见《上海碑刻资料选辑·陶澍奏为吴淞江岸建周中鋐专祠碑》),文中讲:

……查周太仆名中鋐,浙江山阴县人。雍正年间任松江府事。时方挑浚吴淞,特命副都御史陈世倌,会同总督范时绎、巡抚陈时夏、督办中鋐,承筑大坝。因潮水汹悍,屡筑屡溃,不能合龙。中鋐亲率河标把总陆章,乘船冲流,督夫下埽;风急水溜,陆章请移舟登岸,中鋐不可。遂与陆章俱殁于水,而堤亦旋合。时雍正六年三月二十九日也。事闻,奉上谕:"周中鋐平日居官甚优,今被溺殒命,更可惋惜。"又于巡抚陈时夏折内,钦奉朱批:"周中鋐等、可谓因公尽命,深为惋惜,览至此,朕几乎泪落,等因。旋奉旨议恤,赠太仆寺卿,予祭葬……该处士民,追思旧泽,私建小祠于吴淞江畔,岁时报享,祈祷皆应……道光八年三月二十一日内阁奉上谕:"蒋攸铦等奏吴淞江岸请建前任知府专祠一折,江苏吴淞江岸,旧有前任松江府知府周中鋐祠宇,该处士民,岁时祈祷皆应。兹该督等奏,挑浚吴淞江时,复以捍潮效灵,功在该处,洵为昭著;周中鋐着准其于吴淞江岸建立专祠,列入春秋祀典。该部知道,钦此。"

吴淞江是太湖流域最大的泄洪道和蓄水池,关系到太湖流域几万平方公里的百姓安危和农业收成,历朝政权都十分重视吴淞江的水利,而周中鋐是历朝治理吴淞江中唯一因公殉职的总办,周太仆寺也是唯一一座经皇帝批准建立的治吴淞江而殉职的专祠,可惜,如今的上海人根本不知这段历史,这个故事,根本不知上海出了一位优秀官吏周中鋐,也不知上海曾有一周太仆祠。

据《同治上海县志·卷十·祠祀》中记:

> 周太仆祠,在吴松江陈家渡口。雍正六年士民建,祀松江知府周中鋐。

《同治上海县志·卷三·津渡》在记录吴淞江渡口时也记到了"陈家

渡",但释文很简单——"现在周太仆祠前",我们仍无法知道这个"陈家渡"或"周太仆祠"确切的位置。我手头正巧有几份民国时期的上海地图,一目了然地看到,在"霍必兰路",即今古北路北端的吴淞江处有一"周家桥镇",该地今俗地名仍称之"周家桥",就在"周家桥"吴淞江对岸偏西处就有"陈家渡",而"周太仆祠"就在那里。我以前曾到那里实地调查,周太仆祠已被"陈家渡小学"使用。

也许读者会产生一个疑问,这个与"周太仆祠"隔岸相望的"周家桥"是否有桥,该桥名与周中铉祠是否有关。当时的周家桥并不是跨苏州河的桥梁,《民国法华方志·卷二·津梁》中讲是跨"李氵公泾"的桥,这"周家桥"名是否与周太仆祠是否有关,就不得而知了。

雍正新建吴淞江闸后,原来的闸按习惯就被叫作"老闸",一直到近代以后,闸废了,人们在原闸址处建桥,就被叫作"老闸桥",即今福建路桥。租界时期,工部局在"老闸桥"的西南侧建立一个巡捕房,就叫"老闸捕房",原来捕房的正大门朝南开在南京路上(相当于今南京东路742—778号),1925年5月30日,老闸捕房的巡捕向示威游行经过此地的民众开枪,制造了震惊中外的"五卅"惨案,这也使"老闸"和"老闸捕房"的名气大增。1925年"五卅"惨案后,1926、1927年的5月30日,上海市民主动集中起来,带着香烛、锡箔到捕房大门口——也就是"五卅"血案的发生地焚烧,以纪念死难烈士,也是向租界巡捕房示威抗议,而此时的巡捕已不敢贸然行动,扩大事态,他们更担心这种纪念活动引发爆动,1927年秋,老闸捕房干脆将临南京路的大门关闭,出租给商人开商店。

**1885年重建的老闸桥，已不设吊桥**

新闸在老闸的上游，也即今天老闸桥以西的新闸桥处，今天这里一条"新闸路"就是以新闸得名的。读到这里，读者也已清楚，苏州河北岸的"闸北"就是以位于老闸、新闸之北而得名的。

前面已讲到，"金龙四大王"在清顺治、康熙、雍正、乾隆、嘉庆几朝几次加封，其地位也大大提升，乾隆时还"诏祀于滨河各邑"，也就是讲沿河或水乡城市都应该建"金龙四大王庙"，嘉庆年间，经江苏巡抚陈銮之准，就在新闸以东的吴淞江南岸又建了一座"金龙四大王庙"，还在里面设立一个"救生外局"，也就是上海救生局的分局。上海曾流传过关于海瑞罢官的故事：海瑞与东阁大学士、礼部尚书、松江人徐阶的关系很密切，海瑞是今海南省人，操一口粤语，徐阶则是上海大老倌，讲一口上海本地方言，而嘉靖皇帝又是"京片子"，操一口官话，这三位操不同方言的人对话，经常闹出笑话，也发生许多误会，而海瑞之所以会被罢官，一部分原因就是语言上的误会造成的，上海人很敬重海瑞，在新闻金龙四大王庙建成后,就又增设了"海忠介祠",所以这里也被叫作"海公祠"。

由于在金龙四大王庙有一个主管吴淞江水上安全的救生局,于是在临江的地方建了一个码头,就是"大王庙码头",清末小说中经常会提到"大王庙码头",如《孽海花》中讲,新科状元,苏州人金雯青被任命驻欧洲星使(即公使),带着名妓赛金花从苏州坐船到上海,船靠大王庙码头后,即坐马车到"棋盘街"(指今河南中路)为赛金花采办衣物。

约 1882 年,大王庙的部分工地被英商怡和丝厂(Ewo Silk Filature)收买后建为工厂,而根据"五口通商"的原则,外国人可以在通商口岸贸易,但不能投资办厂,经过了一段时期的外交交涉后,怡和丝厂一度关闭,从此,这里的产权几经变更,解放后相当长的一段时间里是一家"上海东风有色金属冶炼厂",冶炼厂的工业废水直接排放到苏州河,而如今,这里已被建为住宅区。

"大王庙"曾经是一个知名度很高的历史地名,也许,它将来会被上海人忘记。

# 上海何处"叉袋角"

我有一位同事是本地人,一次我问他:"你的祖籍是本地什么地方。"他告诉我,他只是听他的父亲讲过,他们原来住在一个叫"cou dai 角"的地方,大概位置在今天的长寿路桥一带,再具体的位置,连他父亲也讲不清楚了,至于这"cou dai 角"该怎么写,又是什么意思,他的父亲也弄勿清楚。

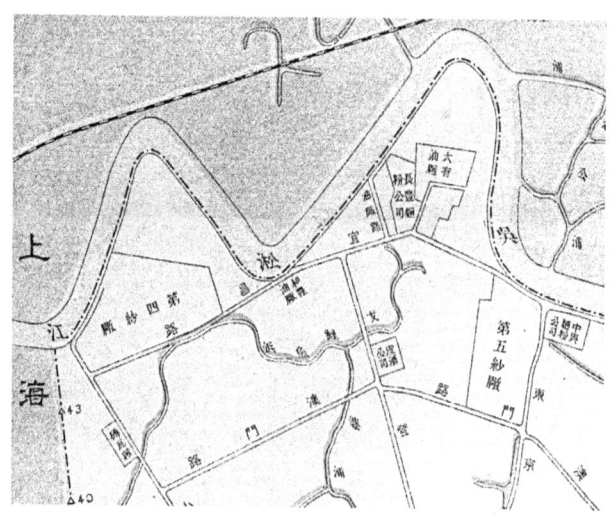

苏州河曲折多弯,形似叉袋,这里就被叫做"叉袋角"

上海原是江南水乡,多河流,天然的河流大多逶迤曲折,大多数地方将河流转弯时形成凹进去的弯口叫作"湾",如黄浦江流经龙华附近时就曲折多弯,于是沪谚有"龙华十八弯,湾湾见龙华",前一个"龙华"是地名,后一个"龙华"是指龙华寺的宝塔,由于宝塔很高,古代也没有什么高层建筑,所以在龙华附近的湾都能仰看到龙华塔,不过,此谚语与"条条道路通罗马"一样,带有宗教色彩,即龙华寺的佛光普照大地。对海岸或大的河流来讲,外凸的"半岛"是风口浪尖,突易受到风浪的侵袭,不适宜居住,而"湾"则是一个"避风港"相对适宜居住。香港北临维多利亚港,沿岸也形成了不少凸出的地方,香港称之"嘴"或"角",如"尖沙嘴"、"沙田角"等,为凹进去的弯口称之"环"或"湾"。大概十年前我去香港,曾问几位香港的朋友,香港为什么会有"上环"、"中环"之类的地名,香港与上海都是移民城市,香港人和上海人一样不太注重自己城市的历史,所以他们也讲不出什么道道。实际上"环"和"湾",就是河道的弯口,中国地名习惯以西为上,东为下,维多利亚港沿岸由西向东为"上环"(又称"西环")、"中环"、"湾仔",而"湾仔"又称"下环",再向东就是"铜锣湾"。

海岸或大江大河的弯口大,所以其外凸的地方面积较大,犹如牲畜外突的嘴,容易被叫作"嘴",上海沿黄浦江有周家嘴、陆家嘴,今南汇南部叫作"南汇嘴",而小河或较细的河流急变形成的外凸的部位面积较小,它只能像兽类的角,容易被叫作"角"。在原生态的农耕年代,河湾是避风港,适宜人类居住,而外突的"嘴"或"角"处于风口浪尖,不适宜居住,而地名的形成往往与人口密度有一定的关系,即人口越密的区域地名也相对较多、较密,而人口稀少的区域地名也相对较少、较疏,所以,几乎任何一个地方,"湾"总是比"嘴"或"角"多,上海也不例外。

苏州河流入北新泾后,河道委蛇,形成了许多的湾和许多的"角",cuo dai 角就是其中之一。cuo dai 角是指今昌化路桥至长寿路桥之间的苏州河南岸地区,cuo dai 角的正确名称为"叉袋角"。可能如今的青年人已不知"叉袋"为何物了,而对我们的祖辈来讲,"叉袋"是家家必备之物。

在《乌泥泾与华泾》一文中提到,元朝时黄道婆从淮州来到上海乌泥泾,教人们种植棉花和纺纱织布,从此,棉花就成了上海地区最主要的经济作物。上海人将一部分棉花纺成纱,织成布,分销到全国各地,于是有"松郡之布,衣被天下"之说,多余部分则作为纺织原料销往周边地区,成为妇女们田间或家庭劳作之后的另一种收入来源。棉花的分量很轻,而古代又没有机械的打包机,于是,采摘后晒干或脱籽的原花只能装到一种大口袋里,再船运到各地,这种口袋大多是用生麻编织,它的上端开口处设计为形似人穿的"马甲背心",犹如今天最常用的"马甲袋",人们将棉花装入大口袋后,将"马甲袋"上的两只"襻"交叉打结,棉花算是封袋了,于是,这种农用的大口袋就被叫作"叉袋",因其是用麻做的,又被叫作"麻叉袋"。上海每年有大量的原棉销往各地,所以,上海"叉袋"的需求量很大,制叉袋和修补"叉袋"也成了一种职业。1910年上海环球社出版《图画日报·营业写真》专栏绘有"修叉袋"图,图中可以看出"叉袋"的形状,配画文也写得生动有趣,抄录

如下:

> 手执麻绳修叉袋,只怕烂袋不怕碎。
> 烂袋难修碎好修,碎处何妨补一块。
> 补得袋中漏洞无,钩针切线不模糊。
> 应笑说书先生补漏洞,
> 掩手跺脚无此好功夫。

苏州河流到昌化路桥附近时,连续急转而形成"M"弯道,很像上海人使用的"叉袋",于是这里形象地被叫作"叉袋角"。翁同龢是江苏常熟人,许多次来到上海,记得十几年前,常熟翁同龢纪念馆的同仁来函,他们在《翁同龢日记》中多处发现上海一个叫"叉袋角"的地名,但查阅了许多资料,也询问了不少上海人,仍无法知道"叉袋角"在哪里,我帮他们解决了难题。

我们知道,中英《南京条约》又称《通商条约》,外国人可以在通商口岸"贸易通商",但不能投资办厂;1895年清廷与日本签订的《马关条约》中规定:"日本臣民得在中国通商口岸城邑,任便从事各项工艺制造,又得将各项机器任便装运进口,只交所订进口税。"该条款准许日本人在中国通商口岸投资办厂,根据"最惠国条约"的原则,任何与中国签约的国家同时获得此权权益。如从这一角度讲,《马关条约》就成了中国近代史的另一个转折点,外国资本的进入也促进了中国民族工业的起步和发展,苏州河是通航的水道,以水运为主的年代这里便成为办厂最有利的地块,于是,中外商家纷纷抢滩苏州河创办各种工厂。1898年,安徽寿州(今寿州)人,直隶候补道孙多森与他的叔父、江西临江知府孙传樾、兄孙多鑫、弟孙多淼等集资30万两在"叉袋角",即今莫干山路120号创办阜丰面粉厂,成为中国第一家机器面粉厂,之后,无锡的荣氏集团也在"叉袋角"以及苏州河其他沿岸处创办"福新机器面粉厂";"阜丰"和"福新"厂于1955年公私合营,改称"公私合营阜丰、福新面粉厂",1966年改名"上海面粉厂",一直是中国最大的面粉厂。生产面粉的原料就是小麦,当时,小麦一部分靠进口,一部分来自中国北方,而且统一用机织的麻袋包装和机器封口,与上海的"叉袋"不一样,袋口上并没有"襻",清代和民国时,织机和缝纫机都被叫作"车",缝纫机被叫作"铁车"或"洋机",而用"铁车"缝纫就叫作"车",如上海方言把用缝纫机缝衣叫作"请帮忙把袋口、拼缝'车车'牢",麻袋是机织和机器封口的,而沪方言中"叉"与"车"是同音字,于是,"麻叉袋"也被讹作"麻车袋",而设在"叉袋角"的面粉厂每天就有数以千计的"麻车袋"进进出出,确实,有的书中把"叉袋角"写作"车袋角"。

  以前,进口的小麦是用麻袋装的,而出厂的面粉则是用"白作布"装的,25公斤一袋,如到粮店买整袋的面粉,此袋照例是奉送的,所以,以前上海的家庭都会有一两只面粉袋,早期,上海人称机器生产的面粉为"洋粉",后来才改叫为"面粉",我的父辈一代人大多把面粉袋叫作"洋粉袋",而我年轻时,"洋粉袋"和"面粉袋"兼用,上海人主粮以大米为主,从未见有人提着"面粉袋"去买面粉的,而"面粉袋"主要用来买米装米,于是,比我小一辈的人又把这种袋子叫作"米袋"。不过,我童年时,邻居中的不少老人仍把"面粉袋"叫作"叉袋"或"麻叉袋"的。

在改革开放的浪潮下,包括上海面粉厂在内的"叉袋角"一带的企业全部停产了,这一带尚未被拆的许多老厂房已被列为"工业遗址"被保护和开发利用,这一带被叫作"莫干山路创意园区",虽然宣传的力度不小,但成绩不甚明显。据说,普陀区政协提议,将苏州河流经普陀区境内形成的"十八湾"的旧地名重新发掘其文化价值,以提升其知名度,我想,"叉袋角"之名肯定会比"莫干山路创意园区"讨巧得多,有文化得多。

# 潭子湾是一个很古老的地名

苏州河横贯上海，把上海分为"浜北"和"浜南"，苏州河在流到北新泾以西处即进入普陀区境内，一直到长寿路桥处进入闸北、静安区境，在普陀区境内的河道长达14.3公里，而这一段的河道曲折多湾，有人作过调查，此一段苏州河两岸共有十八个湾，于是有人建议，仿古谚"龙华十八湾"而把这一段苏州河叫作"普陀十八湾"，至少，从推动上海城市观光旅游和提高普陀区的知名度来讲，这是一个不错的建议。

苏州河是上海的"母亲河"，不过，这位"母亲"在孕育和养育上海时付出了沉重的代价，近代以后，大量的工业废水和城市垃圾未经处理就被排入江中，到20世纪70年代后，苏州河被严重污染而成了一条"臭水浜"，于是，上海人民又出巨资恢复"母亲"的容貌，如今，苏州河沿岸的工厂已全部搬迁，苏州河水已初步变清，当苏州河沿岸从工厂、码头区变成住宅、休闲区后，普陀区政府首先提出开发苏州河旅游的设想，并开始付诸行动，他们希望为苏州河的每一个湾口取一个好听的名字,来提高品位。而事实上,这一段苏州河的每一段或湾口都有历史名称,人们何必舍近求远,挖空心思去为已有名字的"湾"另取一个新的名字呢!

本文重点讲苏州河上最有名气的——潭子湾。

中央造币厂,江宁路桥俗称"造币厂桥",即以该厂得名

苏州河东流至江宁路桥(旧称"造币厂桥")时突然改向东北流,至中潭路时又突然改向东南流,在"浜南"出现一个约45°的尖角,这里是"叉袋角"的一部分,而在"浜北"的中潭路两侧形成一个135°的河湾——潭子湾,而中潭路应该是位于潭子湾之中而得名的。也许这个湾口的形状很"尖",有一点像中国人常用的老酒甏——酒坛,于是被叫作"坛子湾",后来讹作"潭子湾",此只是一个假设,没有任何史料根据。

清乾隆《真如里志·卷一·里至》中记,真如镇:

东抵彭越镇十二里;西抵栅桥镇十二里;南抵界浜三里;北抵

横港五里;东南抵潭子十二里、上海县治二十四里;东北抵大场镇十二里,本县治(指宝山,真如旧属宝山县)四十二里;西南抵牧童港(今作"木渎港")口五里;西北抵南翔镇二十四里,嘉定县治五十里,太仓州城八十四里。

引文中提到"潭子"这个地名,它在距真如镇"东南十二里",古人的测距大多"毛估估",精度很差,但总共只有"十二里",也不至于差错到什么程度,而如今从中潭路到真如镇的距离大概也就是"十二里"。

上海图书馆藏民国七年(1918年)抄本《真如里志·水利志》中有这样一段记录:

犁辕浜。桃树浦(即今桃浦)东,一名"梨园"。镇北境干河,东流与虬江会流,绕潭子江。西入桃树浦出走马塘。

本书《真如与管弄》一文中已提到,犁辕浜就是今天的"真如港",它的西面与桃浦相接,并通过桃浦与走马塘相通,它从桃浦引流后向东大致上沿北石路、铜川路,与大场浦相接后向南,再在石泉路处向东,大致沿石泉路的走向,越过岚皋路、镇坪路、光新路、中山北路,在中潭路处注入苏州河,而就在近苏州河口时,另一支继续向东注入彭越浦,这一段在民国时被填平,一部分筑成"潭子湾街",1950年改名"潭子湾路",而如今又被改为"清水湾路"了。

在本书的相关篇章中提到上海历史上的古战场——沪渎垒的遗

址,它应该在今志丹路与光新路的相接处,《真如里志》中提到一条叫"赵浦"的吴淞江支流,说:"赵浦。大场浦东。镇东境干河,南受吴淞江水,达界河界,出走马塘。"解放后被分段填平筑路,大致上相当于今天的光新路和志丹路。

《晋书·虞潭传》中记,虞潭,字思奥。西晋时浙江余姚人,他的祖父是三国时东吴名士虞翻,父亲是东吴宜都太守虞忠,东吴被灭时,虞忠"坚壁不降,遂死亡",虞潭则仍雄居一方,后被齐王司马冏请为祭酒,此后转战天下,拜吴兴太守。当时江浙之间的战争不断,百姓深受其苦,而浙江的叛军往往借助海船,从吴淞江深入内地,"是时,军荒之后,百姓饥馑,死亡涂地。潭乃出仓米赈救之,又修沪渎垒,以防海抄,百姓赖之。"在兵荒马乱的时期,虞潭一方面打开粮仓,向灾民发放救济粮,一方面在吴淞口被叫作"沪渎"的地方造了一个军事堡垒——沪渎垒,以阻挡浙江的叛军通过海路进攻内地,虞潭成了战乱中百姓的依赖,百姓也尊称他为"潭子"。"沪渎垒"的原址大约在今天的志丹路与光新路的交接处,这里距潭子湾的直线距离仅三华里,而"潭子"、"潭子江"、"潭子湾"是一个很古老的地名,虽然,至今我们仍无法直接证明"潭子湾"与虞潭有直接的关系,但是,"潭子湾"得名于这里一个叫"潭子"的地名,而"潭子"也许就是虞潭的别称而得名的。

王鸣盛《练川杂咏》:

> 沪渎遗墟满绿芜,东吴内史漫捐驱。
> 
> 不知陵谷销沉后,还有沙中折戟无。

沪渎垒是上海最著名的古战场遗址,不过,它早已消失得无踪无影了,也许,潭子湾就是这个古战场留下的一个地名,我们为何不想方设法保护它,利用它呢?!

进入近代以后,尤其是进入20世纪以后,苏州河沿岸出现了大量的纱厂、面粉厂、铁工厂,也出现和形成了如朱家湾、潘家湾、潭子湾和药水弄,合称"三湾一弄"的贫民窟和棚户区,"潭子湾"在上海语言中与"贫民窟"、"棚户区"是同义词,人们避之犹恐不及,于是,当20世纪末"中远置地集团"决定拆除潘家湾、潭子湾棚户,兴建"中远两湾城"住宅区时("中远"是该房地产投资公司名的简称,而"两湾"即沿用了潘家湾、潭子湾的地名),原潭子湾路被改名为"清水湾路",这也反映了当时人们急于摆脱贫困的心理。十几年过去了,当原来的"三湾一弄"已全部改造为上海中高档住宅小区后,朱家湾、潘家湾、潭子湾和药水弄的地名,以及地名所隐藏着的意义已逐渐被人遗忘,于是,应该恢复这些老地名,以及它们隐藏的历史和文化的价值,我希望,将"清水湾路"恢复它的旧名——"潭子湾路"。

"普陀十八湾"——如何探索吴淞江河湾的旧地名,发掘它们的历史故事和文化内涵,也许对于开展苏州河水上观光旅游会起到很大的作用。

# 上海河流名称的特点

上海属江南水乡,地处苏南平原的东部,东濒东海,水渠密布,河流纵横,历史上的上海,水域面积约占陆地面积的30%以上,于是,上海由水引发的地名特多。地名通常有所谓"专名"和"通名"两部分组成,专名相当于专用名,特指某一个地域,通名即通用名,一般表明地名的属性,如在道路地名中,南京路中的"南京"为专名,而"路"为通名,在河流地名中,苏州河的"苏州"是专名,"河"是通名。水乡多河流,有的河流很大,知名度较高,有的河流细长,有的河流又很小,上海会用不同的"通名"来表示河流的大小或属性,常见的通名有江、浦、塘、泾、浜、港等,下面逐一介绍之。

中国的河流名称有一特殊的现象,黄河流域较大的河流大多以"河"为通名,如黄河、汾河、洛河、拒马河、海河等,而长江流域及以南地区的较大的河流又多以"江"为通名,如长江、赣江、钱塘江、湘江、岷江、金沙江、珠江、闽江、怒江等,同样,中国的东北也是如此,如鸭绿江、黑龙江、松花江等,我未读到过关于对此现象作出解释的文章,我也无法对此现象作解释,真的希望有人对此作出合理的分析和解释。

　　历史上的吴淞江是苏南浙北地区最大的河流,也是流经上海最大的河流,所以,清代以前的《上海县志》均把"江"作为单独的章节记录,而"江"一节中也只有一条吴淞江,所以,上海旧《志》或其他著录中,凡单独使用一个"江"字,基本上就特指吴淞江。可能有的人会提问,今上海市青浦区白鹤镇附近有一条叫青龙港的河流,它的旧名叫"青龙江",那又是怎么一会事呢? 在本书的相关篇目中提到,吴淞江发源于太湖,东流直下注入大海,是从海上进入苏州的大江,唐朝,吴淞江的南岸就出现了一个青龙镇,是扼控吴淞江的军事重镇和通商大埠,当然也是收税大户,不过,进入宋朝以后,随着江南经济发展和人口增长,耕地不足的现象日益严重,于是江南百姓开垦滩地,利用江滩种植水生植物的情况加剧,导致吴淞江萎缩、淤塞,影响航运业正常进行,于是就在青龙镇的北面另外开挖了一条河道,替代了这里的一段吴淞江水道,由于资料缺乏,难以详细叙述开挖该河道的时间和过程,本来青龙镇是临吴淞江的,但从此以后,青龙镇(即今"旧青浦")离吴淞江的直线距离就有三公里多,这就是最好的证明。这一段吴淞江新江通航后,沿江并没有形成一个新的港口城镇,而这里的港口仍在原青龙镇,于是又将这条废弃的吴淞江进行疏浚,因为这条江已不再是吴淞江河道,即以青龙镇之名称之——青龙江。《宋史·河渠志》中有零星的记录,如记宋徽宗崇宁二年(1103年),"时又开青龙江,役夫不胜其劳"。崇宁六年,"开浚吴淞青龙江,役夫五万,死者千一百六十二人,费钱米十六万九千三百四十一贯"。可知,青龙江就是吴淞江的旧道,于是才被称之"江",而如今它又被改作"青龙港",实际上,在沪方言中"江"与"港"的发声基本一致,也许是因今人无知才把"青龙江"误作"青龙港"的。

吴淞江在历史上是太湖流域最大和最主要的河流,它从太湖发源,东流直下,注入大海。每年雨季,当太湖洪峰到来时,吴淞江承担排洪之重任,将太湖洪峰及时排入大海,否则,沿江被淹而成为水乡泽国。旱季,吴淞江又是一个蓄水池,向流域内的农田提供灌溉,否则会出现旱情。至迟从北宋开始,古人就沿吴淞江两岸,利用支流开凿、疏浚吴淞江的大支流,这些吴淞江的大支流一律称之"浦",由于吴淞江基本上保持东一西流向的,其支流则大多呈南北流向,于是,"浦"又称之"纵浦"。据东汉许慎《说文解字》释:"浦,濒也。从水,甫声。"浦就是水滨之义。南朝顾野王是吴人,他的《玉篇》释:"浦,水源枝注江海边曰浦。"就是大河的支流口叫做"浦",由此推断,吴淞江的大支流被叫做"浦"从很早就开始了。

郏亶是江苏昆山人,北宋嘉祐进士,任司农丞,是著名的水利专家,多次上书治理吴淞,著有《吴门水利书》,宋范成大纂《吴郡志》中大段摘录郏亶的上书内容,其中提到:

> 吴淞江南岸自北平浦,北岸自徐公浦,西至吴江口,皆是水田,约一百二十余里。南岸有大浦二十七条,北岸有大浦二十八条……松江南,大浦二十七条:北平浦、破江浦、艾祁浦、愧浦、顾汇浦、养蚕浦、大盈浦、南解浦、梁乾浦、石臼浦、直浦、分桑浦、内

薰浦、赵屯浦、石浦、道褐浦、千墩浦、锥浦、张潭浦、陆直浦、甫里浦、浮高浦、涂头浦、顺德浦、大姚浦、破墩浦、盖头浦。松江北，大浦二十八条：徐公浦、北解浦、瓦浦、沈浦、蒋浦、三林浦、周浦、顾墓浦、金城浦、木瓜浦、蔡浦、下驾浦、浜浦、洛舍浦、杪梨浦、新洋浦、淘仁浦、小虞浦、大虞浦、马仁浦、浪市浦、尤泾浦、下里浦、戴墟浦、上顾浦、青丘浦、奉里浦、任浦。

又说：

松江南，有大浦一十八条：小来浦、盘龙浦、朱市浦、松子浦、野奴浦、张整浦、许浦、鱼浦、上燠浦、丁湾浦、芦子浦、沪渎浦、钉钩浦、上海浦、下海浦、南及浦、江苎浦、烂泥浦。松江北岸，有大浦二十条：北陈浦、顾浦、桑浦、大黄肚浦、小黄肚浦、章浦、樊浦、杨林浦、上河浦、下河浦、仙天浦、镇浦、新华浦、槎浦、秦公浦、桑浦、大场浦、唐章浦、青州浦、商量湾。横塘二：鸡鸣浦、练祈浦。

郑宣记录到的吴淞江两岸被称之"浦"的河流九十三条，这实际上还是他凭记忆写下的，实际上，北宋吴淞江两岸被称之"浦"的河流还要多一些。北宋至今已经一千余年，沧海桑田，江南的地貌不知发生了多大的变化，但不少北宋的"浦"一直保持至今，如大盈浦、赵屯浦、槎浦、小来浦等，有的则经考证，它是今某一条河或地名，如上海浦、下海浦，其中"烂泥浦"疑即"烂泥渡"，大、小"黄肚浦"即今黄渡，直到今天，上

苏州河在外白渡桥东汇入黄浦江,史称"江浦合流"

海市区仍有桃浦、彭浦、杨树浦等,也是以是吴淞江的支流而得名的。今天的黄浦江原来就叫做"黄浦",只是因为近代以后,进入上海的外国人把它叫做"Whampoo River",衍生出一个"river",后来人们逐渐把黄浦叫做"黄浦江",当然,黄浦本来也是吴淞江的支流,在明永乐的"江浦合流"水利工程中,黄浦变成了主流,吴淞江则成了黄浦的支流。

郏亶还讲:"遁古今遗迹,或五里、七里而为一纵浦,又七里或十里而为一横塘。因塘、浦之土以为堤岸,使塘、浦阔深而堤岸高厚。塘、浦阔深,则水通流而不能为田之害也;堤岸高厚,则田自固而水可拥,而必趋于江也。""塘"字从土,本义是指堤岸,如《说文新附》"塘,堤也。从土,唐声。"今常见的如河塘、海塘、护海塘等均是指人工修建的堤岸,加高堤岸的目的当然是为防止江河水的外溢,海潮的侵袭。古代江南治水的另一方针是,沿"浦"每隔一段距离开挖、打通贯穿"浦"的河流,把开河挖出来的泥土来加高加宽堤岸,这种堤岸就是"塘",于是,沿塘的河流也被叫做"塘","浦"是吴淞江的大支流,大多呈南北流向,称之"纵浦","塘"是贯穿"纵浦"的,自然大多呈东西走向,于是就被叫作"横塘"。古人治吴淞江的基本办法,就是以吴淞江为中心或横轴,沿吴淞江开凿、疏浚无数的"纵浦",又沿"浦"开挖许多贯穿"纵浦"的"横塘",使河流形成"井"字形或格子化布局,用"浦"、"塘"来分担吴淞江的排洪和蓄水能力。今天,上海市中心区剩下的河道屈指可数,但郊区保存的河道还不少,"塘"依然大多是呈东西流向的。

今汉字中形声字占了较高的比例,一般以为,形声字的一边是形部,即偏旁,另一边是声部,是该字的发声,实际上,汉字的许多形声字的声部兼有形部的意义的。《说文解字》:"巠,水脉也。从川在一下,一,地也。"大意讲:巠是河流的意思,字由"川"和"一"合川的会意,"一"表示土地,"川"在土地之下,这"巠"就是地下水脉。"巠"字见于金文,字形大同小异,写作巠,郭沫若《金文丛考》:"余意巠盖经之初字也,观其字形……均象织机之纵线形。从糸作之经,字之稍后起者也。"中国很早就有养蚕蓺麻、纺纱织布,原始的纺织工具、工序很简单,就是将纤维纺成纱再把纱分作经纱和纬纱,把经线整齐排列,再用梭子带纬线上下穿梭于经线之中,这个"巠"字确实很像在绷经纱,所以,人们认为"巠"是"经"的古字是不错的,"巠"是很细很长的经纱或者地下水脉,于是,汉字中带"巠"的字往往表示细长的物,除了"经"以外,"茎"是指植物细长的杆,"颈"是指动物细长的脖子,"胫"指细长的小腿,"径"是指细长的山间、田间小路,而在江南,"泾"就指细而长的河流。朱骏声,字丰芑,江苏吴县(苏州)人,清道光举人,赏国子监博士衔,其《说文通训定声》中讲:"今吾苏沟渎多名'泾'者,如采莲泾之类。"清魏源《东南七郡水利略叙》:"江所不能遽泄者,则亚而为浦、为港、为渠、为渎、为洪、泾、浜、溇,凡千有奇,如人之有肠胱脉络,以达尾闾乎。"上海地区历史上称之"泾"的河流很多,如元朝黄道婆在上海生活的地方就是"乌泥泾",今延安东路原来是一条叫做洋泾浜的河流,而它更早的名称就叫"洋泾",今西藏南路的北段在历史上则是一条叫作"周泾"的河流,今天这里还有一条肇周路,就是以连接肇嘉浜与周泾而得名的。今西郊公园的东侧,沿哈密路的河流叫"新泾",而"北新泾"则是以位于新泾的最北端而得名的,当然,上海著名的漕河泾、白莲泾、吴泾也是以河流而得名的。从现在尚存的"泾"来看,上海的"泾"确实就是又细又长的河流。

上海方言习惯把不太大的河称之"浜"或"河浜"。"浜"多为吴方言词汇,所以识"浜"字的人不多。若干年前,台湾远景出版社购买了我主编,上海辞书出版社出版的《上海掌故辞典》在台湾出版繁体字本,在审读清样时,发现《辞典》中的"浜"全部被改为"濱"。我只得再全部改正过来,后来才知道,大多数台湾人不识"浜",也不知"浜"为何物。上海四川北路的"横浜桥"是知名度较高的地名,在历史上也是日侨麇集之地,日文的汉字中也没有"浜"字,日本人多写作"横濱桥",而今日文"横濱"又改写作"横浜",以致许多日本人误以为上海的"横浜桥"是以日本横濱侨民集中居住而得名的。

《集韵》:"浜,安船沟。"《广韵》:"浜,沟纳舟者曰浜","沟"是很小的河,而能接纳小船通过、停靠的沟叫做"浜",显然,"浜"就是大一点的沟。江南是水乡,江南的城镇大多临水而建,规模大一点的邑城内必定会有多条规模不大不小的河流,它们是人们生活用水的来源,也是城镇与郊野交通的航道,郊区的农民利用这些河流将粮食、副食品运进城里,城市产生的生活垃圾也通过这些河流运到郊外,从实际的情况分析,吴方言中的"浜"多指城里以及城附近的规模不大、但航运繁忙的河道,如清代流入上海县城的河流就有肇嘉浜、方浜、侯家浜、薛家浜、乔家浜等,与上海县城相邻或相近的有陆家浜、郁婆浜、打铁浜、长浜等。洋泾浜本名洋泾,因其靠近上海县城,后来就被加"浜"称之"洋泾浜"。

《嘉庆上海县志》:"李崇泾,在娄浦西,今名法华港,西通新泾,南通陈泾、肇嘉浜,以达于蒲汇塘。"《同治上海县志》:"李泓旧作崇泾,通江处在新泾东周家桥,三泾合流,经法华镇南,至徐家汇东,西通蒲、肇两河。"李泓泾是一条南北走向的细长的河流,北端在周家桥(今古北路苏州河边一带俗称周家桥),西端在今徐家汇附近,以其细而长而被叫做"泾",但是到了清代中期以后,该地区形成了一个镇,以此地的法华寺而叫做法华镇,于是,李泓泾中的一段从法华镇流过,属于流经城镇的河流,民间就把流经法华镇的那段(相当于今法华镇路),以及相近的那段李泓泾叫做"法华浜",今天,当地老人大多知道法华镇路是填法华浜筑的马路,但很少有人知道,法华浜的真名或大名叫做——李泓泾。

清顾禄著《清嘉录》是记录苏州风俗的著作,卷七《立秋西瓜》中说:

> 立秋前一月,街坊已担卖西瓜,至是居人始荐于祖祢,并以之相馈贶,俗称"立秋西瓜"。或食瓜饮烧酒,以迎新爽。有等乡人,小艇载瓜,往来于河港叫卖者,俗呼"叫浜瓜"。

每年的立秋前一个月,江南的西瓜上市,大部分西瓜是由小商贩挑担穿巷走弄,沿街叫卖的,苏州是水乡城市,城里河浜很多,也有不少农民划着小舟进城,在河浜里叫卖西瓜,苏州人称之"叫浜瓜"。以前的上海地区也有相同的现象,如清钱大昕《练川竹枝词》:

> 沙外平沙村外村,黄墩东望是雷墩。
> 吴船贩取西瓜去,柔橹咿哑划水痕。

上海人秦锡田《周浦塘棹歌》:

> 脱衣上岸熟西瓜,瓜剖红瓤渴当茶。
> 别有田家好风味,粉蒸荷叶饼煎茄。

江南农村种植的西瓜被商贩收购后,或农家自摇小舟返运到城里,所以,江南一带称西瓜为"浜瓜",我童年时犹把西瓜叫"浜瓜"。"浜瓜"只是人们对西瓜的俗称,不见得有文字记录,于是"浜瓜"又被讹作"崩瓜",并有解释说:这种瓜的皮薄而脆,稍用力即会崩裂,更有甚者,如遇响雷,瓜也会被受震而崩裂,故称"崩瓜",因为沪语中"浜"与"崩"同音,念如 bàng。

  "港"本来是指与江河湖泊相通的小河,适宜船只停靠、避风,引而伸之,港又多用于指码头港口或避风港。宋杨万里《舟中买双鳜鱼》:"小港阻风泊乌舫,舫前渔艇晨收网",范致明《岳阳风土记》:"岳阳楼旧岸有港,名鼍鹤港,商人泊舟于此。"清代《上海县志》中也记录了几处称之"港"的河流,河流很小,大多属于避风港,如《嘉庆上海县志》:"立雪庵港、新高昌庙港,在陈家港东。浦水入,南会陈家港,北通陆家浜。"这三个"港"就在今南浦大桥浦西的西侧。又说:"望塔港,今名'望达',浦水入,西流与陈家浜诸水会焉,望龙华塔不远。工人近种桃树,花时为浦滨一望。"若干年前,这里有一条叫"望达路"的小路,长约百米,就是填望塔港筑的马路,在建世博会园区时注销,这里离龙华塔不远,在港口能望到龙华塔,故被叫做"望塔港"。旧志还提到老高昌庙港、雪龙港、日赤港(即日晖港)、大马桥港(即大木桥港)、小马桥港(即小木桥港)等,都是浦西从今南浦大桥至龙华附近的避风港,黄浦江面很宽,水深浪急,而上海沿海,是多风区,沿黄浦江边的那些港就是为避风而开挖的河港。到了20世纪五六十年代,上海对属地的河流以通航能力重新更名,凡是有通航能力的河大多在原来的河名上加一"港"字,如市内的虹口被叫做"虹口港"、沙泾被叫做"沙泾港"等,郊区河道被加上"港"字者不知其数,而如今,江南的运输方式发生了变化,船运已不是重要的运输方式,而且运输船的吨位也越来越大,那些昔日被人为加上"港"的河流也早已不通航了,所以,对历史上的河名、地名的更改,一定要采取十分谨慎的态度。

# 上海地名中的"圩"

城市多马路,路名就是城市地名的主流。人们再给每条马路有规律地编上弄和户的门牌号,就可以按图索骥,较快、较方便地找到你要找的地方。如复旦大学的地址为邯郸路220号,你只要先找到邯郸路,在沿路找220号,复旦大学就到了。农村没有那么多的马路,一般使用逐级收缩的方式表示地址,在人民公社化的年代,地址的表示方式大多为"××省××市××县××人民公社××大队××生产队",找到了"××生产队",你就可以找到你想找的地方或人。清代以前,上海县下设乡,乡下设保,保下设图,图下设圩,圩下设号,以乡——保——图——圩——号形成一个地名系统。如清道光十一年上海《浙绍公所捐置义地姓氏碑》中"复于道光八年,置买上邑北门外二十五保,过字圩旷地一方,以备掩埋无力归葬之柩,谓之浙绍义冢",道光十六年《上海县为徽宁思恭堂冢地立案告示碑》:"职等因分立思恭堂局,捐置二十五保十三图靡字圩各号田二十九亩八分二厘四毫,作为义冢"。清雍正以后,上海县下只有高昌、长人二乡,共十二个保,每个保

清末江湾分地图(部分),政区地名多"图"、"圩"

下有十几到三十几个图,图下又有若干个圩。如《同治上海县志》中记,二十五保下设十六个图,它们是:

一图老闸北、二图老闸南、三图旧军工厂(在今江西中路苏州河边)、四图晏公庙、五图城隍庙、六图侯家浜、七图小东门、八图大东门、九图西门外、十图西门内、十一图大、小南门、十二图陆家浜、十三图斜桥头、十四图五里桥头、十五图草堂头、十六图大东门内。

这些地名大多仍在,这样可以知道,在上海市中心区,原来的"二十五保"的区域大致上相当于今日的黄浦区,而"图"的区域相当于今日的"街道",那么"圩"大致相当于今日的"居委会",而"号"就相当于今日的里弄的面积。

"保"之本义为保卫、守卫,古代为防止盗贼,作为编户单位,《隋史》有"五家为保,保有保长",至迟在宋代,"保"就作为"乡"以下的编户单位,据《绍熙云间志》中记,当时的高昌乡下就设九个保,并一直沿习到清末。"图"的本义是版图、地图，明朝时为加强地方征税的管理，规定以每地区的各户土地面积和分布情况绘制成册，这种图册所绘土地分布图很像鱼鳞，就叫做"鱼鳞图册"，大概到了清朝，每一册鱼鳞图册所绘单位就叫做"图"，江苏一些地方称之"都"，如顾炎武《日知录》卷二十二中讲：

> 《萧山县志》曰：改乡为都，改里为图。《嘉定县志》曰：图即里也。不曰里而曰图者，以每里册籍首列一图，故名曰图是也。

上海明代的地方志中没有"图"的建置，到清代的志才有"图"的记录。清代的嘉定、宝山一带"图"称之"都"，与顾炎武引《萧山县志》"改乡为都"并不一致，不知问题出在哪里。"图"大多使用数字编码，如一图、二图之类，但行政区会发生变化，如两个图合并为一个图，那肯定为缺失一个图，如一个图拆成两个或三个图，一般使用方位词固定，如"东八图"、"南四图"之类，上海市国土规划局的夏建忠处长原籍今上海市嘉定区南翔，在一次上海的地名会议上，他讲，他的家乡以前叫做"半图"，他怎么也不理解这"半图"是什么意思，原来，他家乡的图经过几次分割，最后只能使用"半图"来固定。如今的上海地名中保留有"图"的地名大概屈指可数了。

"圩"是多音多义词，读作 xū，与"虚"同义，即地方的集市，有的地方把赶集叫作"赶虚"；读作 wéi，那就是低洼地区周围防水的堤。记得有人在《新民晚报》中撰文，为上海地区的"圩"该念 xū 还是 wéi 高谈阔论,不过并未击中要害。历史上的吴淞江是太湖最大的泄洪道和太湖流域最大的蓄水池,当雨季太湖洪峰到来之时,吴淞江承担排洪任务,否则,太湖流域被淹而成水乡泽国。而当旱季,吴淞江又是蓄水河,否则会因蓄水不足而造成旱灾,所以古人十分重视吴淞江水利。北宋的昆山人郏亶、郏侨父子均为水利专家,领导治理江南水利,宋范成大《吴郡志·卷十九·水利上》中收录了郏亶治理吴淞江的基本方针,抄录部分如下:

> 循古今遗迹,或五里、七里而为一纵浦,又七里或十里而为一横塘。因塘浦之土为堤岸,使塘浦阔深,而堤岸高厚。塘浦阔深,则水通流而不能为田之害也;堤岸高厚,则田自固而水可拥,而必趋于江也。

吴淞江从太湖发源后东流,直泻大海,中国古代的地图一般以北面为上(现在更是如此),于是把东西走向称之"横",南北走向称之"纵",吴淞江由西向东,当然是横向的,古人治吴淞江之法,沿吴淞江每隔五里或七里开通一条吴淞江的大支流,这些支流称之"浦",浦是南北流向的,于是叫做"纵浦",再沿"纵浦"每隔七里或十里开挖连接浦与浦的河流,称之"塘",塘大多是东西走向的,于是称之"横塘",把从疏浚浦和塘挖上来的淤泥来加高加厚浦和塘的堤岸,这样浦水和塘水畅通,可以分担吴淞江的排洪和蓄水能力,由于浦和塘的堤岸高而厚实,足以拦住水流。郏亶还讲:

> 是古者既为纵浦以通于江,又为横塘以分其势。使水行于外,田成于内,有圩田之象焉。故水虽大,而不能为田之害,必归于江海而后已。

这样,太湖流域就以吴淞江为主要的横轴线,再以无数的"纵浦"为纵轴线,又以无数的"横塘"为横轴线,把太湖流域的农田划分为无数的方格,每块方格形的农田四周有"圩"相围,称之"圩田"。浦与浦之间的距离为5—7里,塘与塘之间的距离为7—10里,取其平均值,每块"圩田"就是3(公里)×4(公里)=12平方公里的面积,大概到了清朝,"圩"就作为地名使用,指"图"以下的地方通名,当然,上海地区地名中的"圩"得名于"圩田",按理应念作 wéi,不过,方言不必等同于官话,我在青浦的几次地名会议上问青浦的同仁,当地人一般把地名中的"圩"念同"于",秀才读半边字,你也奈何不了他。

在历史上,太湖流域一律把吴淞江的大支流称之"浦",《吴郡志》中记录的"浦"就有数十条之多,不少"浦"的地名沿用至今,如青浦区境内的大盈浦、赵屯浦,上海市区的桃浦、彭浦、杨树浦等。一般讲,"浦"是疏浚吴淞江的原支流而成的,而"塘"的本义是指护塘,即人工筑的河堤,所以古代的"塘"很多是人工开挖的,今天上海市区仍有上澳塘,下澳塘,走马塘等。

今上海市区几乎找不到带"圩"的地名,在青浦水乡仍保留不少带"圩"的地名。

# 黄浦江入海口为啥叫吴淞口

黄浦江旧名黄浦，近代，进入上海的侨民把它叫做 Whangpoo Rever，于是逐渐被上海人叫做黄浦江。它是流经上海市区最大的河流，把上海分割为浦西和浦东。黄浦江在吴淞口注入长江，合流后直泻大海。吴淞江也是流经上海的大河，把上海市区分割为浜南和浜北，与黄浦江相似，近代，进入上海的侨民以为它是通往苏州的河流，把它叫做 Soochow Creek，于是，吴淞江江桥以下的那段，或流入市区的那段俗称"苏州河"。吴淞江在今市中心区的外白渡桥东注入黄浦江，这里距吴淞口至少也有十八公里，人们为啥不把黄浦江的出口叫

清末吴淞口

作"黄浦口",而去使用并非吴淞江入海口的"吴淞口"地名。这还得从吴淞江的历史和河道变迁讲起。

"口"见于甲骨文,写作"ᄇ",像人的嘴巴,人的嘴的主要功能就是饮食和讲话,所以《说文解字》释:"口,人所以言、食也。象形。"口的作用系吐纳、呼吸,于是,进出的通道、器物的开口处均可以称之"口"。上海地区东临大海,受海洋潮汐的影响,大多数河流(尤其是与大海直接相通的河流)会有规律性的潮涨潮落,近海处潮位差可达数米,明《弘治上海县志》:"黄浦,在县东,大海之喉吭也。潮汐悍甚,润及数百里",黄浦江与大海相通,是大海的咽喉,潮汐落差很大,能影响到几百里外,同样,大江大河的支流,受大江大河潮汐的影响,也会有潮涨潮落变化,支流接受主流的潮汐而吐故纳新,所以其入主流的地方也是"口",有的河口会产生地名,更多的河口不见得非得有带"口"的地名。上海的"虹口"就是以河口得名的,古代有三条叫做沙洪、北沙洪、穿虹的河流在今虹口港的嘉兴路桥附近相汇后向东注入黄浦江,入江口处就被叫做"洪口"。如清上海人毛祥麟《墨余录·卷八·大桥》中说:"沪城东北有港,名洪口。外通大海,内达吴淞,水急河阔。"这"洪口"就指沙洪注入黄浦江附近的地方,不知什么原因,后来"洪口"多被写作"虹口",如苏州河北岸的租界就是"虹口美租界"。最初的"虹口美租界"的区域很小,只限于靠近黄浦江的地方,后来,美租界的区域不断向东、向北延伸,于是"虹口"又被沿虹口港向北,依次叫做外虹口、中虹口、里虹口、新虹口,我长期居住在虹口,直到今天,当地居民仍习惯地把虹口港的大名路桥、长治路桥、汉阳路桥、余杭路桥叫做外虹桥、中虹桥、里虹桥、新虹桥(又称"电灯桥",以边上有一上海最早的发电厂得名)。

吴淞江在历史上是太湖最大的泄洪道,东流直泻大海,与长江、钱塘江、珠江一样,吴淞江的入海口会形成一个三角洲或海湾,古人把吴淞江入海口形成的三角洲叫做"沪渎",又叫做"华亭海",宋《吴郡志》引北宋水利专家郏侨的话讲:"吴淞古江,故道深广,可敌千浦。"清《嘉庆上海县志》讲吴淞江"唐时阔二十里,宋时阔九里,后渐减至五里、三里、一里"。毫无疑问,这些数据是指沪渎的宽度。三角洲通常呈喇叭形,如南北宽二十里,那么其东西长几十里不足为奇。宋《绍熙云间志》中同时收有"松江"和"沪渎江",其中说:"松江,在县之北境七十里。其源始于太湖口,而东注于海……自湖至海,凡二百六十里。"又讲:"沪渎江,在县北……旧图:沪渎江口,在县东北一百十里。"据此推断,《云间志》所谓"松江"即吴淞江的上游,而"沪渎江"即"沪渎"或"沪海",是指吴淞江下游,江面较广的三角洲或沿海部分,而"沪渎江口"应该是吴淞江的出海口,就是"吴淞口",《云间志》还称这是"旧图"中所讲,今已无法知道此"旧图"是何时编修的何图志,但可以知道,"沪渎江口"的地名出现于《云间志》之前。

南宋迁都临安(今杭州市),政治中心的南移促进江南经济发展和人口增长,随之就出现耕地不足的困惑,江南百姓只得围垦滩地,向江滩要地,而江滩被垦使吴淞江江面变窄,水流量减少,于是加快了下游水道的淤塞,使冲积成陆的速度加快,所以,吴淞江在唐朝阔二十里,到宋朝只有九里,此后每况愈下,以后减至五里、三里、一里,不过,原来的"沪渎江口"或"吴淞口"的位置大至不变,最多也只会因海岸线向东伸而向东推几里,于是我们只要确定吴淞江的走向就可以锁定"沪渎江口"的大概位置。方法之一：吴淞江是一条很宽的大河,它也成了政区的界河,唐朝置华亭县,它的北界就是吴淞江,对岸就是昆山县；元朝分华亭东北五乡建上海县,明万历又分上海县西北三乡和华亭县两乡置青浦县；在江北,宋嘉定十年(1217年)分昆山东境置嘉定县,清雍正二年(1724年)又分嘉定县东境置宝山县,所以,只要找到清朝或民国初的地图,青浦县和上海县与嘉定县和宝山县的分界线,大致上就是旧吴淞江的河道。用文字来描述地势是很难的,我手头就有一份清末测绘的上海县图,可以清晰地看到上海县与宝山县的分界线大致上就是这条旧吴淞江。同时,从文献上也可以知道,明朝的"江浦合流"水利工程,就是废弃今江桥以下的吴淞江下游水道,另开挖一条河道为吴淞江新的下游水道,注入新开挖的黄浦下游水道,这条新的吴淞江下游水道就是今天的苏州河,而被废弃的吴淞江下游水道就被叫做"旧吴淞江",省称"旧江",后讹作"虬江",一说则认为旧吴淞江水流很细而曲折多弯,形似中国古代传说中的一种龙——虬,于是被叫做"虬江",不必拘泥于"虬江"名称的来历,那条"虬江"就是旧吴淞江故道,今天的地图上还能在嘉定区和普陀区境内找到一条叫"西虬江"的河流,改革开放后上海的城市建设飞快,有不少河道被填,在20世纪后期的地图上还能见到更长的"西虬江",它越过普陀区后大致与闸北区的"虬江路"相接,而这条"虬江"路就是填虬江筑的马路,虬江路向东延伸到虹口港。同样,在杨浦区也能找到"东虬江"的河流,不过,杨浦区的"东虬江"在解放后作了重大调整,原来的"东虬江"确实就是旧吴淞江的故道,今日的"东旧江"已不完全如此。

在东虬江的北面,与共青森林公园之间有一条"虬江码头路",路的东面临江就是"虬江码头",这是20世纪30年代"大上海计划"时建造的一个码头,当然就是以"虬江"得名的。在虬江码头和共青森林公园对岸的浦东就是高桥地区,有一条叫"高桥港"的河流,当地人叫做"界浜"或"老界浜",已故上海史学者顾炳权先生主编《浦东辞典》释:

> 高桥港 西起浦西,南接赵家沟,为浦东新区北部,由东西转向南北向之干河……历史上此河曾名界浜,是松江府与太仓州的界河,俗称老界浜。

上海县旧属松江府,宝山县旧属太仓州,这条界浜当然就是上海县与宝山县的界河,南面属上海,北面属宝山。1927年上海建特别市时,将宝山县在浦东的部分划归上海,这条"界浜"已不是上海和宝山的界河,于是当地人又改称"老界浜",解放后对河流名称作较大调整,通航的河道称之"港",界浜流经高桥镇,遂被叫做"高桥港",而它就是吴淞江在浦东的故道,今浦东的高桥地区在宋代肯定已成陆,所以可以判断,《云间志》讲的"沪渎江口"应该在今浦东高桥附近。

从南宋开始,沪渎的水域变窄,大部分成了陆地,沪渎或沪海本指吴淞江近海的三角洲,当这个三角洲消失了,沪渎、沪海、华亭海之类就成了历史地名,并在人们的记忆中淡去、消失,原"沪渎江口"也就成了"吴淞江口"或"吴淞口"。至于"吴淞口"地名最早出现于何时,那又是一个很难确定的难题。2013年第4期《上海地名》杂志载《吴淞江(苏州河)和吴淞口地名文化研究》课题组的《吴淞江和吴淞口地名探原》一文,作者引明嘉靖南京兵部尚书刘机《海防考》文:"黄浦入江,东北去吴淞口不五十里",作者应该是以上海县城为起点计算的,就是黄浦江从上海邑到吴淞口不足五十里。这里直接提到了黄浦江入长江的"吴淞口"地名,作者还找到了一份明嘉靖中期的《嘉定县备寇水陆路图》,明嘉靖是近海倭患严重,倭寇猖獗的年代,这是一份军用地图,可是,中明古代没有测绘学,绘地图的水平实在太差,地图中标有"吴淞口",它确实应该在今虬江码头与高桥之间的黄浦江处。图中在"吴淞口"的浦西还有一个"吴淞所"的衙署。明《弘治上海县志·卷五·公署》中记:

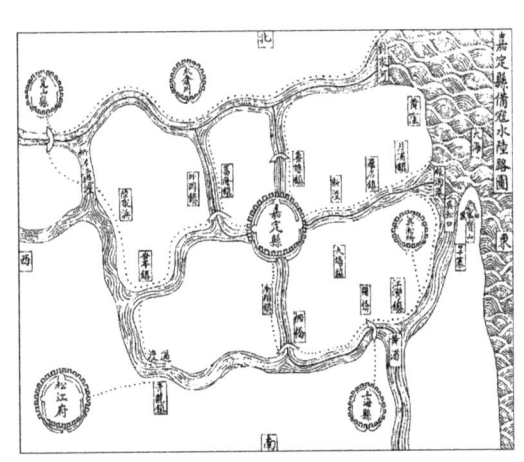

嘉定县备寇水陆路图

> 吴淞江巡检司,在二十七保。洪武五年(1372年)十二月,巡检王名造。三十三年(查洪武只到三十一年,并无三十三年)七月,巡检焦庸增置更楼。永乐十四年(1416年)七月,风雨摧毁,止

存草房一所。

朱元璋抢在其他农民军之前登基做了大明王朝的开国皇帝,引起其他农民军的不满和反对,于是朱元璋又调集精兵强将镇压农民军,迫使农民军下海成了海盗,朱元璋为继续围困和镇压他们,加强了沿海兵防,这个"吴淞江巡检司"就是在这样的背景下设立的,用于针对海盗,其当然设在近海的"吴淞口",到了永乐年间(1403—1424年),近海的海盗已经平息,军事有所松懈,这个吴淞江巡检司衙门被风雨摧毁,只存一间草房,政府也懒得去修理或重建。

《民国法华乡志·卷三·兵防》:

> 吴淞司,明洪武五年设,主讥察往来奸宄及私返盐枭、逃亡军民罪囚,并引绕越之人,责以捕逮、警逻之事。

这个机构管辖的范围共五十二个图,主要在沿吴淞江的曹家渡、新闸、北新泾、江桥的吴淞江沿岸,以及浦东的"洋泾属二十三保、二十四保",实际上这里在历史上也属吴淞江故道的南岸。该《志》还讲:

> 初驻吴淞江北岸咸水渡。乾隆九年(1744年),里人王之御等呈请移驻法华,建官署于法华寺前。

这里讲的"吴淞江"是苏州河,这个吴淞司原来在今苏州河的北面,旧吴淞江的南面的一个叫"咸水渡"的地方,这个"咸水渡"已不知是今天的什么地方,在乾隆时,吴淞司的衙门就迁到了法华镇的法华寺前,大概在今天的法华镇路香花桥路附近。

原来吴淞江的入海口叫做"吴淞江口"或"吴淞口",这是不错的,但在明永乐年间(1403—1424年),因"江浦合流"水利工程,吴淞江下游改道,吴淞江不从吴淞口入海,但是,地名不见得非得随吴淞江改道而转移,吴淞口地名仍在原地并继续沿用,古人也知道这样的事实,如清《同治上海县志·卷二·浦》在叙述黄浦时讲:

> 浦与江本不合流,明永乐元年,松江淤塞,尚书夏原吉用邑人叶宗行言,浚江通范家浜,引流直接黄浦以达海。其出海之口,虽名"吴淞口",实黄浦口也。

顺便补一句,"吴淞口"的地名在先,"吴淞镇"的地名在后。吴淞镇距吴淞口很近,但从地名来讲,是先有吴淞口,然后有吴淞镇,今人常将其倒置,特此说明。

**吴淞镇**

# 陆深与浦东陆家嘴

明永乐的"江浦合流"水利工程后,黄浦江就定型了。黄浦江成了流经上海最大的河流,黄浦江向东流经闵行时,在闵行与奉贤接界的闸港突然改向北流,把上海分割为浦西和浦东。黄浦江是一条大河,宽在300—700米,黄浦江又曲折多弯,古代,人们把河流转弯时江岸凹进去的一侧称之"湾",一般讲,内凹的"湾"风平浪静,适宜居住;外凸的地方犹如动物的嘴或角,于是,外凸处面积大些的地方会被叫做

黄浦江在外滩处形成一个急弯,浦东沿江形成一个"嘴",即陆家嘴

"嘴",小一点的地方会被叫做"角","嘴"和"角"的两侧暴露于江中,风急浪大,相对于"湾"而言,就不太适宜居住。古代上海谚语有"龙华十八湾,湾湾见龙华",黄浦江流至龙华一带后曲折多弯,形成了许多的"湾",龙华有寺,寺有龙华塔,是这里的制高点,人们站在任何一个湾口均能见到龙华宝塔,见到佛的灵光,所以,谚语除了表示黄浦江在龙华附近曲折多弯外,另一层意义就是"条条道路通罗马"。

地名的形成、使用、知名度是与人的活动有关的,人口越多、越集中的区域,其地名使用频率越高,知名度也越高,当黄浦江流过龙华后,就逐渐接近上海县城了;黄浦江继续向前,流到陆家浜口(今陆家浜路的东端,即今南浦大桥处)又改向东北流,这一段黄浦江已经逼近上海县城,在本书的相关篇目中已提到,上海人把龙华至陆家浜口的那段称之"里黄浦",其沿江的滩岸称之"里黄浦滩",省称"里滩";从陆家浜口至苏州河的那段黄浦江称之"外黄浦",其浦西江滩为"外黄浦滩",省称"外滩"。

黄浦江曲折多弯,至于沿途有几多湾,几多嘴,古人讲不清,今人更不知道了。清秦荣光《上海县竹枝词》在注文中讲,黄浦流过"语儿泾"就进入上海县境内了:

> 浦自语儿泾东南过驷马塘趋东北,至闵行镇。过淡水沥,趋东南金汇塘湾。经周家嘴折北,径闸港、杜家行、周浦塘、吴店塘,折东北为曹家嘴。三里至薛家嘴。东北六里,为夏家嘴。北折六里,为簟笠嘴,东折六里,为龙华嘴。北折六里,为高昌嘴。抱城

旋湾,西北流九里,折东,为陆家嘴。实共六十四里。

秦荣光的记录,清代黄浦江流经上海县的河段长64里,由西向东就形成了:周家嘴、曹家嘴、薛家嘴、夏家嘴、蔓笠嘴、龙华嘴、高昌嘴、陆家嘴共八个"嘴",从地名上分析,这些"嘴"大多是以附近的自然村宅得名的,除了"陆家嘴"之外,沿黄浦江的这些带"嘴"的地名基本消失不用了,而且大多数自然村宅也没有出现伟人名人,因为没有著录,谁也无法讲清这些自然村宅和"嘴"的历史和故事。

陆家嘴是以明朝上海望族陆氏宗族世居此地而得名的,黄炎培主纂的《民国川沙县志》颇有特色,他把地方望族的宗谱也收入志中,《民国川沙县志·户口志·陆氏谱略》中记:

> 陆氏,当战国时,齐宣王少子通,字季达,受封于齐之平原陆乡,因以为氏,谥元侯。传十有七世,至汉扬州别驾续。又二十传,至唐兖公象先。又五传及补阙龟蒙。世为华亭人。自补阙而下十三世,迨元季承事郎子顺,始居上海马桥镇。子顺有子,曰余庆。余庆生德衡,字竹居,承事郎,迁浦东洋泾之原。德衡长子璿,字筠松,赠侍郎。璿生五子,曰太,朝散郎。曰平,赠侍郎。曰定、曰震、曰寅,均朝散郎。平字以和,号竹坡。子深,明嘉靖间,历官宫詹、赠礼部右侍郎,谥文裕……

陆姓是苏南巨姓,几乎所有的陆姓的祖先可以追溯到战国时代齐宣王的儿子陆通,这只是中国传统宗谱的"认祖归宗",不得不信,又不得全信。上海陆家嘴的陆姓可以追溯到唐朝诗人陆龟蒙,但陆龟蒙世居甫里,并以"甫里先生"自称,甫里即今江苏吴县用直,今天用直还有陆龟蒙墓,陆龟蒙时代华亭县已经建立,县址十分明确,他肯定不会是"华亭人",但《陆氏谱略》称陆龟蒙"世为华亭人",显然有点不靠谱。到了元朝末年,一支陆龟蒙的第十三代陆子顺迁到了上海县马桥镇,明朝初,陆子顺的孙子陆德衡又迁到浦东陆家嘴,他就成了这支陆氏的始迁祖。陆德衡的长子叫陆璿,他生有五子,其中老二叫陆平,字以和,号竹坡,他的儿子即著名的陆深,陆家嘴所以得名于这支陆氏宗族,与陆深的关系更密切。

陆深生于明成化十三年(1477年),初名荣,字子渊,号俨山。旧志称其"幼有器识",弘治十四年(1501年)就"举应天乡试第一",即夺取江南考试的第一名,这一年他只有二十四岁,四年后他又以"二甲第一名",也就是第四名获取"进士及第",大概是上海县有史以来成绩最好的一位,考试结束后被选为庶吉士,授翰林院编修。当时刘瑾当道,他与翰林院的关系不睦,就把翰林院的许多官员外放,陆深也被调任南京主事,一直到正德五年(1510年)刘瑾被诛,陆深又回到翰林院,以后又晋国子监司业,相当于教育部副部长。正德十六年(1521年),陆深四十五岁,他的父亲逝世,根据中国封建社会官场制度,他必须回家守孝三年(实际上是27个月),称之"丁艰"或"丁忧",于是他就回到上海老家。他给一位朋友的信中讲:"深自老矣,不自量力,轻犯世故,忧愚频仍,心志衰耗;赖先人之业,足以自适。近筑一隐居,当浦江之合流,颇有竹树泉石之胜",陆家嘴的浦西对岸就是吴淞江注入黄浦口,即"浦江合流"处,在他回家乡守制的时候就在陆家嘴家乡建造了私家花园,取范仲淹《岳阳楼记》中名句"先天下之忧而忧,后天下之乐而乐",取名"后乐园"。古代人的寿命短,将近"知天命"的陆深可能已无意官场,决定退归林下,享几年清福了。

明嘉靖八年(1529年),"延臣文章荐之,起祭酒,充讲筵",陆深的知识很渊博,他又被起用任国子监祭酒,这相当于教育部部长。这一年陆深五十三岁。根据当时的制度,向皇帝讲筵的稿子"先从内阁删篡",当时陆深负责三讲,一讲是《尚书》,由杨一清审稿,另两讲为《孟子》,分别由张孚敬和桂萼审定,杨一清和张孚敬与陆深有师生之谊,陆深对内阁改稿的不满不便提出异议,于是把不满情绪全部发到桂萼的身上,他还对嘉靖皇帝讲:"臣今日讲章,非臣原撰,乞自今容臣尽得尽其愚。"退朝后,他又为讲课的事上疏,称"讲臣宜令自尽献纳,以杜壅蔽",也就是讲,大臣向皇帝讲课,就应该由大臣自由充分发挥,不必由内阁来修改稿子。也许陆深在家乡的时间待长了,他敢在皇帝面前挑战规定的制度,他批评和攻击的桂萼还恰恰是嘉靖皇帝的新宠。不久,陆深就被调延平府同知,级别至少降了三级。

陆深被谪后一年,嘉靖皇帝也知道陆深有点冤,于是又调任他为山西提学副使,相当于今日的山西省教育厅副厅长。他到任后发现,前任的提学使为了迎合晋王,把晋王府的一个艺人的子女收入学府,根据封建科考制度,艺人和艺人的第二代是不能参加考试的,陆深立即告知晋王:"可使学宫缺一人,不可使一人污学校。"晋王也知道道理在陆深处,只得取消艺人子女的学位,还对艺人讲:"此公终作秀才语,不可干也。"——这陆深是一"书蹩头",我也奈何不了他。如用现代人的判断,人为地把人分作几等肯定是错的,但陆深不畏强暴,坚持原则的态度和决心还是值得赞赏和尊敬的。

此后,陆深多次调任,担任过江西布政使右参政、陕西右布政使,一度还调回朝臣任光禄寺卿、詹事府詹事。大约在嘉靖十八年(1539年)致仕,在浦东的"后乐园"度过晚年,嘉靖二十三年逝世,葬浦东祖茔,享年六十八岁。

《上海县志》对于陆深有这样的记载:

> 一日,上问侍臣:"陆深、张邦奇学问孰优?"侍臣以"陆优"对。上曰:"陆深为祭酒时,桂萼欲害之,今尚在否?"会卒,以闻。赐祭葬,赠礼部右侍郎,谥"文裕"。

有一天,皇帝问大臣:"陆深与张邦奇的学问都很好,哪一个更好一点",大臣们讲"陆深的学问更好一点"。皇帝又问:"当初陆深任国子监祭酒时,受到桂萼的陷害,不知他今日在哪里?"但不久皇帝得知陆深逝世的消息,就追赠陆深为礼部右侍郎,谥"文裕",并以参照"一品官"的礼下葬。

上海关于陆深及其家族的传说故事很多,据说明嘉靖三十二年(1553年)上海为抗击倭寇修筑城墙时,陆深夫人就捐出了许多土地,还捐资筑城门。方浜是黄浦江浦西支流,在小东门水门流入城内,陆深夫人又捐资在小东门外方浜建石桥,这座桥就叫"陆家石桥",因陆深是大学士,又叫做"学士桥",该桥后被定为"石梁夜月",并被定为"沪城八景"之一。清秦荣光《上海县竹枝词·古迹》:

邻鬐高阁峙城中,后乐园当黄浦东。
柱石俨山多胜景,陆家嘴没径蒿蓬。

作者原注:"邻鬐阁,在长生桥南,陆深宅。今其地称陆家宅。后乐园,在黄浦东,陆深旧居。有柱石坞、俨山精舍。今其地称陆家嘴。"陆深在上海城里也有住宅,就在文庙的边上,取名"邻鬐阁",而陆深在浦东的祖宅,那里就被叫做——陆家嘴。看来,浦东陆家嘴名称的来历,确实与陆深或陆深宗族有密切的关系。

# 东、西芦浦与马路

拙著的多篇文章中提到了一条叫作"东芦浦"的河流,这也是上海近代以后消失的河流。清《同治上海县志·卷三·水道上》中记:

> 东芦浦。一名娄浦,又名矴钩浦。引江水在徐公浦西合朱家浜东,涌泉浜,闸港,南、北长浜,出带浦桥,通肇嘉浜,南入蒲汇塘。

地方志有一个很明显的特点,那就是"本位主义",县志一般总是以这个县的县治为中心,所记内容也仅限于本县。历史上,吴淞江是太湖流域最大、最主要的河流,而在今上海地区,被称之"江"的河流又很少,所以,旧《上海县志》中单独使用"江"的河流,一般就特指吴淞江;吴淞江是一条大河,也是两个县的分界河,上海位于吴淞江的南岸,所以上海又别称"淞南",前面引文中讲的"东芦浦……引江水入"就是"东芦浦引吴淞江水南流进入上海"的意思,东芦浦从旧吴淞江的"徐公浦"西面引吴淞江水南流,沿途流过涌泉浜,闸港,南、北长浜,出带浦桥,通肇嘉浜,南入蒲汇塘。"带浦桥"在同书卷三中讲"跨肇嘉浜桥"今作"打浦桥",在沪方言中"带"音近 da,而"打"音近"dan",发声相近,今瑞金二路与徐家汇路相交处俗称"打浦桥",在这里的西边还有一条"打浦桥路",可见,这个"带浦桥"即"打浦桥",在今"打浦桥"附近。《同治上海县志》在"东芦浦"条中注:"北浜向淤,今又为西人筑马路,将朱家库东北填桥,仅通一线,恐南北通流,自此不可问矣。"早在同治年间,东芦浦苏州河以北的那段已经淤塞,1903 年时被填平筑成马路,该路直通新建成的跨苏州河木桥——"新大桥",故被叫作"新大桥路",即今恒丰路。苏州河至南京西路被工部局填平筑成马路,取名"卡德路"(Carter Road),即今石门二路,所以,当时人已知道,这条东芦浦不久将消失。不久,工部局又填今南京西路至延安中路的东芦浦,以美国基督教传教士,曾任美国驻上海副领事晏摩氏(Matthew Tyson Yates)命名为"晏玛氏路"(又被译作同孚路、燕子路、宴芝路等。今上海大学延长路校区在解放前是"晏玛氏女中",也是以其名命名的),这条路即今天的石门一路。以前的河道大多曲折多弯,东芦浦也不例外,今天的石门一路与石门二路在南京西路绕了一个"S"相接,这就是当年河道转弯留下的痕迹。

在一份 1917 年的《上海租界城厢全图》中还能看到,在今瑞金二路西侧不到百米处还有一段与瑞金二路平行的河道,上面标明"东娄浦",那就是东芦浦留下的残段。实际上,1901 年法租界公董局填延安路至淮海路的东芦浦筑路,取名"圣母院路"(Route des Soeurs),就是今天的瑞金一路，1907年又填淮海路以南段，取名"金神父路"（Route Pere Robert），为了使道路呈直线，那段偏离直线的东芦浦暂没填平。

东芦浦在"打浦桥"处形成一个急弯后注入肇嘉浜，这个河湾叫作"芦家湾"，20世纪初法商电车公司开通有轨电车，由于法租界使用的电压是110伏，而公共租界为220伏，华界电压也是220伏，法租界电车无法与公共租界、华界共享资源，于是，法商电车公司就在今重庆南路徐家汇路

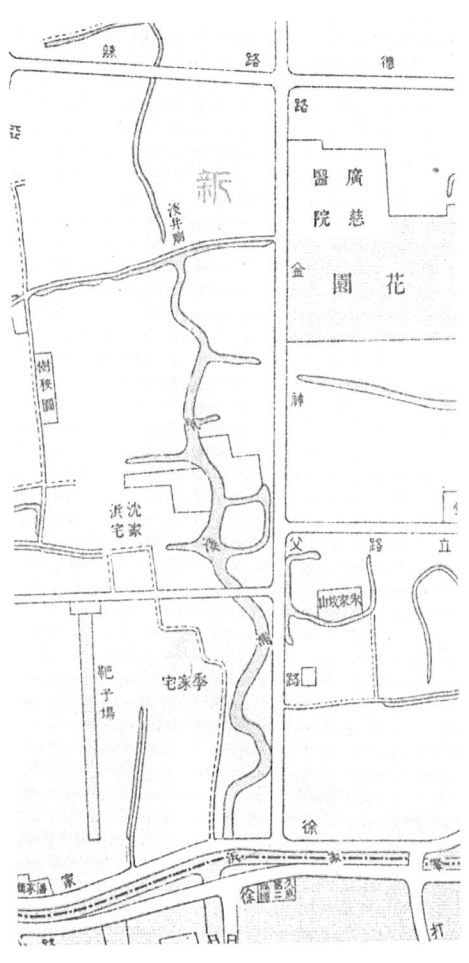

1917年上海地图，图中的全神父河即今瑞金二路，其西还有一段"东娄浦"尚未填平

处建造220伏的发电厂，这里也是电车的停车场，被叫作"芦家湾发电厂"或"芦家湾停车场"，使"芦家湾"的地名知名度大大地提升。在中国姓氏中，很少以"芦"为姓的，而沪方言中"芦"与"卢"谐音，于是"芦家湾"也被讹作"卢家湾"。1946年上海将境内划分为二十个市区和十一个郊区，原"芦家湾"地区成立"芦家湾区"，后来省称为"芦湾区"，是

上海市中心区之一。

《同治上海县志·卷三·河道上》又讲：

> 西芦浦。即古芦子浦。入口处在今曹家渡。南由康家桥、梅家桥，合朱家浜西，涌泉浜、蛛丝港南，出陈泾庙，西通肇嘉浜西南，流出芦浦桥，合龙华港以达于浦。

清代的"曹家渡"是特指苏州河上的一个渡口，确切的位置是今曹家渡五角场向北的延长线的苏州河口。而"康家桥"地名今仍在使用，《上海地名志》中释：

> 康家桥。在静安区西部。东近延平路，南近新闸路，北近武宁路。据传，旧有康姓妇女出资在西芦浦建康家桥，因名。民国十三年（1924年）后逐步融为市区，形成区片后，仍沿用康家桥为名。

薛理勇主编《上海掌故辞典》中释：

> **陈泾庙** 旧肇嘉浜北岸支流陈泾的水神庙。"陈泾"作为河流名称，最后见于清《同治上海县志》。据考证，该河流因与旧河道西娄浦（今宛平路）合流，而西娄浦原通肇嘉浜的河道堵塞，遂将陈泾也称为"西娄浦"。约1918年后，该河被法租界填平为高

恩路(今高安路)。庙在旧陈泾东岸、肇嘉浜北岸,即今高安路肇嘉浜路东北角。庙初建年代不详,据民国《法华乡志》记载:"清咸丰三年(1853年)重修,光绪三十一年(1905年)里人募修。"是上海郊外规模较大的水神庙。据记载,1852年上海大旱,乡民到庙求雩,才出门,天即大雨,于是上海知县姚辉第特赠"惠溥甘霖"匾。庙西是豫园主人潘允端家族坟地。解放后,上海博物馆发掘潘氏墓地,得明代乌纱帽一顶,据说是全国保存较好的明代乌纱帽之一;并出土陪葬仪仗木俑一套,家具一套,是研究明代上海风俗的珍贵资料,今均陈列于上海市历史博物馆内。庙东的东庙桥、东庙桥路(今东安路),庙西的西庙桥(后改谨记桥)、西庙桥路(今宛平南路),均以该庙得名。1913年,法租界拓宽徐家汇路(今肇嘉浜路),由于该庙位于路口而阻碍工程。于是,由法租界公董局出部分迁移费,加上乡人集资,将庙向北迁移10余米。次年,又在庙里设立陈泾第一小学,部分仍为庙内道士住房。1956年陈泾第一小学改名为"高安路第二小学"。1976年学校迁出,庙即归徐汇区粮食局使用。

今曹家渡地区归属法华乡,《民国法华乡志》刊印于民国初,对"西芦浦"的表述就更清楚了,说:

  西芦浦。即古之芦子浦,俗称娄浦,与东芦浦为南北泄泻之干河。入口处在曹家渡东里许,由康家桥、严家桥、梅家桥、娄浦桥迤南;陈泾庙名陈泾,出肇嘉浜,东为二十七保,西为二十八保,以分漕界。上筑马路,如星加坡路、康脑脱路、极司非尔路、愚园路、长浜路、海格路、福开森路、霞飞路、徐家汇路(余姚路、康定路、万航渡路、愚园路、延安中路、华山路、武康路、淮海中路、肇嘉浜路),下排瓦筒,仅通水线而已。其西南一支,流出芦浦桥,合龙华港达于浦,今亦淤塞。北出肇嘉浜,久被填断。

西芦浦和东芦浦都是贯通吴淞江、肇嘉浜、黄浦的南北向河流,在农耕年代,沿浦的农田灌溉用水依赖之,到了近代,尤其进入20世纪后,这里的城市化进程加快,租界当局在这里筑了许多的东西向马路,西芦浦被截成许多段,而工部局为图方便,并没有在道路所通过的西芦浦上建桥,只是埋设"瓦筒"来维持水的流通,而"瓦筒"的口径不大,根本不能确保流水的畅通,于是没过几年,西芦浦就全部淤塞了。

约1918年后,从肇嘉浜到霞飞路(淮海中路)的西芦浦被法租界填平筑成高恩路(Route Andre Cohen),据说,这位"高恩"是一位从上海出发赴欧洲战场参加第一次世界大战而为法国捐躯的法国青年。高恩路即今天的高安路。

不久,公董局又填平霞飞路至白赛仲路(Route Gustave de Boissezon,即今复兴西路,据说白赛仲是公董局的总工程师,负责该路的建设)的古神父路(Route Pere Huc,古神父是一位法国天主教传教士,古神父路即今永福路)和福开森路(Route Ferguson,福开森是一位美国基督教传教士,曾任今交通大学第一任校长,拙著《街道背后——海上地名寻踪》中有介绍,福开森路即武康路)。

"居尔典路"即今湖南路。"居尔典"的法文路名为 Culty, Route Charles,显然,这 Culty 是一人名,但他是谁,又是干什么的,就说不清楚了。《徐汇区地名志》说他是"第一次世界大战中战死的旅沪法侨",而《上海地名志》则说他是一位"英国驻华公使"。确实,上海法租界新界在 1918 年后筑的马路中有几条马路是以在第一次世界大战中从上海出发为国捐躯者的名字命名的,但至今仍无法证明这位 Culty 就是其中之一;而在英国驻华公使中确实有一位译名"居尔典"的人,他在 1906 年至 1920 年任驻华公使,但他的英文名为 John Newell Jarden,与被叫作"居尔典路"的法文名 Culty, Rte Charles 的差距太大,而这位公使通常的汉名为"朱尔典"。英法的关系历来不和,法租界怎么会使用英国公使的名字命名马路呢?实际上,现在的淮海西路是公共租界工部局筑的"越界筑路",中文名"乔敦路",而英文名 Jordan Road,这位 Jordan 倒是英国公使朱尔典。

实际上这位"居尔典"的全名叫 Charles A. Cully,是一位英国侨民,他很早就来上海闯荡,代理经营牛奶制品,1911 年时,他独立注册成立一家奶牛养殖和奶制品公司——Culty Dainy Co.。当时的法租界的西界不超过今天的重庆中路,朝西是中国地界,那里有大批的农田,地价十分便宜,于是他就圈进了霞飞路南侧,西芦浦两侧估计有近百亩的土地建立了养牛场和奶制品车间,而 Culty 的洋泾浜语发音更接近"可的",所以 Culty Dainy Co. 的中文名为"可的牛奶公司",长期以来,"可的"是离市中心最近的牛奶养殖场和奶制品生产厂。那条填西芦浦筑的马路的南端紧靠Culty Dainy Co.于是被叫作Culty, Rte或Ret Charles Culty,而法文Culty的发声近"居尔典",于是Culty, Rte的中文名被叫作"居尔典路"。

"可的"被当地人叫作"牛奶棚",我有不少同学就住在"可的"附近,至今他们仍习惯把那里叫作"牛奶棚";"可的"在全市设立分销点和送奶点,及时把鲜奶送到订户家中,所以,"可的"也是上海著名的乳制品生产和销售机构。上海解放后,"可的牛奶公司"改称"上海牛奶公司",1959年又改名"上海乳制品二厂",生产"光明牌"全脂奶粉、脱脂奶粉、麦乳精、消毒牛奶、炼乳、奶油、冰淇淋等牛奶制品,其规模和乳制品产量在全国乳制品厂中一直位居第一。改革开放后,上海的乳制品厂合并组成"光明集团",仍是全国最主要的乳制品生产集团公司。如今,冠以"可的"的便利店分布在上海和全国的其他一些城市中,此"可的"与Culty没有直接的关系,但与光明集团可有直接的关系。

最后再补一句,原"可的牛奶公司"的旧址,今已被建为新的上海图书馆,地址是淮海中路1555—1567号。

# 黄浦江的渡口和地名

黄浦江是流经上海市区最大的河流,它把上海划分为浦西和浦东,原上海县城在浦西,所以,浦西的经济相对发达,而黄浦江面很宽,过江不是一件方便容易的事,从某种意义上来讲,黄浦江是上海的母亲河,但是它又在一定程度上阻碍、制约了浦东的经济发展和进步,旧时上海流传这样一句谚语——"宁要浦西一张床,也不要浦东一间房",这就是最好的说明。

以前,黄浦江上没有桥梁,也没有越江隧道,过江只能依赖摆渡。清末上海人秦荣光著《上海县竹枝词·渡桥》中讲:

浦阔无梁阻旅行,沿滩渡口有船横。
民捐官设都称义,普济东西往返程。

作者有一段稍详细的注文:

沿浦各渡,西自语儿泾起,历韩仓、沙冈、彭家、巨漕、横泾,折北有邹家、吴冲泾、车沟、关前、王家、乌泥泾、张家塘、龙华,转东有草庵、周家、高昌、南仓、北仓、永济、张家浜、老白、杨家、关桥等,共二十五处。案:横泾有东、西两渡,在闵行镇。邹家即闸港渡。吴冲泾即杜家行渡。车沟即周浦塘渡。王家,旧志作黄家,在华泾港口。乌泥泾今名夏家渡。张家塘今名簟笠渡。北仓今名董家渡。

这种小船称之为"舢板",是近代以后黄浦江上常见的摆渡船

《上海县竹枝词》唱咏的是当时上海县辖境内的故事,所以,作者所讲的"二十五处"都是上海县境内黄浦江的对江渡,"语儿泾"就是上海县境内第一个黄浦江对江渡。语儿泾北接俞塘,南入黄浦江,长约4.5公里,不过,如今已被写作"女儿泾",在今上海市闵行区的西南部,松浦大桥的东侧。黄浦江流过龙华以后算是进入市中心区了,清末,沿江有草庵、周家、高昌、南仓、北仓、永济、张家浜、老白、杨家、关桥等渡,这些渡口的名称大多已发生了改变,以下择要介绍。

周家渡在今浦东上南路处,这里现在仍有周家渡与江边码头的"周江线",和到南江路的"周南线"。

"高昌"即"高昌庙"。以前,县以下的行政区名为"乡",乡以下为保,保以下为图,图以下为圩,圩以下为号,元至元二十九年(1292年)就是分原来华亭县东南的新江、海隅、北亭、高昌、长人等五乡设置上海县,而到了明代,又分出上海西部的三个乡和华亭的部分设置青浦县,从此,上海县下面只有两个乡,即高昌乡和长人乡。中国古代有许多的土地庙,而这些土地庙又是参照俗世的行政区划建立的,最高一级的土地庙即"城隍庙",如松江是府城,松江的城隍庙即"府城隍庙",上海是县城,所以上海的城隍庙是"邑城隍庙",而乡以下的原则上不称"城隍庙",一般加上地名称之"××庙",高昌乡的土地庙就是"高昌庙",而乡以下的土地庙大多就叫作"司徒庙"或"土地庙",如现在曹家渡南面有叫"万春街"的小路,它原名"金司徒庙",该地旧名"金家宅",该庙就是金家宅土地庙;南京路上曾有一座"虹庙",香火鼎盛,也是上海知名度很高的庙,它的正名叫"保安司徒庙","保安"不是现在的"黑猫"或门卫,是"保一方平安"之义,而"司徒"即"司土",是古代掌管土地资源的职官名称,到了阴间世界就是主管一方的行政长官。

《同治上海县志》:

> 立雪庵,在南门外。宋时建,元、明以后里人修之,权作高昌庙。国朝雍正间曹炳曾修。咸丰十年屯西兵,庙毁。僧品涵迁建于浦东六里桥,仍以"立雪"名。曹炳曾纪略:高昌庙者,立雪庵故址,离县治四里,傍春申江,历元、明至今七百余载。

立雪庵是建于宋代的古寺，据《传灯录》中讲，禅宗二祖慧可师从始祖达摩学禅，未被达摩接受，在一风雪之夜，慧可站在门外等候，站在雪地中不动，第二天积雪已超过他的膝盖；当达摩出来时，他希望大师开佛门，接受他为徒，说着又以利刃割断自己的右臂以示决心，于是达摩就吸收了他，慧可也成了达摩的衣钵传承人，禅宗的二祖。立雪庵名即取此故事。到了清雍正时，立雪庵就被当作高昌乡的土地庙——高昌庙使用了。1860年太平军东进期间，高昌庙一度作为"洋枪队"的兵营。又据《光绪上海县志》中讲，1875年上海仿租界的警察制度建立了一个叫作"沪标沪军营"的准军事组织，于是，当"洋枪队"撤销后，高昌庙又成了"沪标沪军营"的驻地。今世博园区内的半淞园路得名于以前这里曾有的一个叫作"半淞园"的园林，而此前它又叫作"高昌庙路"，就是以高昌庙得名的，这里还有一条叫"沪军营路"的马路，它则是以设在高昌庙的"沪标沪军营"得名的。

南仓、北仓应该与仓库有关。明《弘治上海县志·卷五》中记：

> 预备济农仓，在县治南二里。宣德七年(1432年)巡抚、工部侍郎周忱奏请立仓贮粮，以备赈济，名曰济农仓。正统六年(1441年)奉部符为预备恤民事，松江通判潘俊、知县张祯、丞蒋文凯建立，名为预备济农仓。

清《同治上海县志》中又记：

> 水次仓者,明宣德八年巡抚、工部侍郎周忱奏建,共二所:一曰西水次仓,今隶青浦,一曰南水次仓,在县东南浜浦小南门外,以便军民兑运。嘉靖三十九年(1560年)知县喻显科将先重修;国朝顺治九年(1652年)海寇至,知县严绍庆与曹垂灿请改建于小南门内薛家浜之北,即今大仓也。

明宣德时,中央政府根据巡抚、工部侍郎周忱的建议,在全国的县城建立"预备济农仓",以备荒年时赈济之用,于是,上海建了两个大粮仓,一个在唐行,在西面就叫作"西水次仓",后来唐行划归青浦,唐行也成了青浦的县城,粮仓也归属青浦县;另一个在县东南的小南门外,叫作"南水次仓"。清顺治九年(1652年),郑成功部率领的南明政权残部向沿海发起进攻,这个位于小南门外黄浦江边的南水次仓被毁了,不久又在小南门内的薛家浜(今薛家浜路)北岸又重建了粮仓,这个仓被叫作"大仓"。明朝时,上海县城外还是一派田园风光,可以用作标识的地名不多,所以《弘治上海县志》在描述方位或地点时比较笼统和模糊,实际上明朝的"南水次仓建在原陆家浜(今陆家浜路)黄浦江口,也就是后来的"江边码头",即今南浦大桥的浦西桥头处,粮船可以经黄浦江进入陆家浜后直接进入仓库,以其位于浜边而被叫作"水次仓",运输比较方便,但安全性太差,所以在明朝的倭患严重期间,以及清初沿海战争中,粮仓被毁,粮食被抢,后来又将粮仓移建到小南门内的薛家浜北岸,粮船可以通过薛家浜驶抵粮仓,这个仓叫作"大仓"。据《光绪上海县续志》记载,当时粮仓的作用已经不大,而上海县也仿租界的消防制度建立"上海救火联合会",于是由上海知县李超琼将小南门内的大仓的土地二亩五分拨给救火联合会,并在这里建造了消防瞭望台和钟楼,这个钟楼至今还在,就在今中华路小南门外。现在小南门外还有如多稼路、南仓街、外仓桥街之类的路名,就是当年粮仓留下的痕迹。《上海县竹志词》中讲的"南仓渡"即后来的南码头,而"北仓渡"以位于粮仓之北而得名,在清朝已被叫作"董家渡"了。

曾有人撰文讲,董家渡是以明朝著名书画家董其昌宗族世居此地而得名,此只是一种猜想,本书在介绍"紫竹科学园区"时会作叙述,此略。明嘉靖上海筑城墙时,只开了六座城门,它们是北门(晏海门,即后来的老北门)一座,西门(仪凤门,即后来的老西门)一座,南门两座,

清黄浦江董家渡对江渡,摆渡使用木船,危险性很大

即大南门(跨龙门,今跨龙路以城门得名)和小南门(朝阳门),东门两座,即大东门(朝宗门)和小东门(宝带门),其中大东门、小东门和小南门是通向黄浦江的,此也说明,当时上海东城外与黄浦江之间相对繁荣,而小南门临江的对岸是塘桥,这也是浦东的交通要道,经济比较发展,所以,浦东人大多选择在塘桥摆渡过江。据《嘉庆上海县志》中讲,这里的渡工大多姓董,他们使用双桨船摆渡,一次可摆渡二十三人,既安全又快捷,于是该渡口就被叫作"董家渡"。

在历史上,有一条叫"肇嘉浜"的河流,是流经上海县城最大的河流,它的河道大致就是今天的漕溪北路、肇嘉浜路、徐家汇路、方斜路、复兴东路,在今复兴东路外马路处注入黄浦江,而就在复兴东路的东端近黄浦江处就有"白渡路"、"老白渡路",这就是当年"老白渡"留下的痕迹。在沪方言中,"摆渡"与"白渡"的发声很接近,今天苏州河上的"外白渡桥"在稍早一点的地图上就标"外摆渡桥"或"摆渡桥",同样,稍早一点的报刊书籍中也大多写作"外摆渡桥"或"摆渡桥",我以为,"摆"和"白"读音相近,而且"摆"的繁体为"擺",计十八画,书写比较麻烦,就被俗写为"白"了。与"外摆渡桥"被讹作"外白渡桥"一样,这里曾是一个古老的黄浦江对江渡口而被叫作"老摆渡",后来被俗写作"老白渡"了。

《上海县竹枝词》讲:"民捐官设都称义",黄浦江面很宽,水深浪急,稍有不慎,沉船死人的事故就会发生,至迟到清朝的乾隆时期,黄浦江的渡口、渡船是由上海县政府委托如同仁辅元堂等几家善堂建设、管理和经营的,投资费用一部分来自民间的善款,一部分则是政府的拨款,而摆渡的收入用于开支,所以,这些渡口均是带公益性的"义渡"。浦西江边有过条"赖义码头街",浦东的杨家渡至陆家嘴有过一条"烂泥渡路",而此一带俗称"烂泥渡",本世纪初,这里的几家房地产商因"烂泥渡"之名不佳而影响了房产的价格和销售,当地的居民也感到住在"烂泥渡路"会被人们误解是住在泥泞烂泥的棚户区而不舒服,经相关部门批准,这条"烂泥渡路"的北段并入新建造的银城中路,南段更名为浦明路。实际上上海人不太了解上海的历史,"烂泥渡"以前一直叫"赖义渡",开通于1914年,"烂泥渡路"则为"赖义渡路",是通往赖义渡的马路,而这个"赖义"就是被民众信任和依赖的义渡的意思,而"赖义"与"烂泥"在沪音中是一样的,才被讹为"烂泥渡"。地名是一种历史和文化的遗存,今后再也不要轻易更改地名了。

# "外滩"名称的故事

"外滩"是上海的知名度很高的地名,也可以讲是中国知名度很高的地名。地名是地理实体的名称,一般会有其实际所指的区域或范围。1989年出版的《上海市黄浦区地名志》是这样讲的:"外滩。位于本区浦西东部,外白渡桥至金陵东路的黄浦江沿江一带,全长约1.5公里",当时的黄浦区境,南面以金陵东路为界与南市区相邻,北面以苏州河为界,与虹口区隔岸相望,所以《地名志》站在黄浦区的立场上,把黄浦区浦西沿黄浦江的岸线一带称之"外滩",而如今,已撤销南市区并入黄浦区,也许该区日后再修新志,一定会把原南市区沿黄浦江的岸线一带也并入"外滩"。

1998年出版的《上海地名志》则是站在上海市的角度阐述外滩的,说:"外滩。位于黄浦区东部,东滨黄浦江。原泛指十六铺、中山东二路、外马路交汇处至苏州河之间沿黄浦江西岸的狭长地带,现南端约起自新开河"。两书对外滩实指的区域有明显的不同。那"外滩"确切所指区域有多大,下文会具体叙述。

关于"外滩"名称的来历,《上海地名志》与《黄浦区地名志》的说法大致相同,曰:

> 这里原是黄浦江滩地,上海开埠后,殖民主义者在此筑路,西人称之 The Bund,中文写作外滩或黄浦滩,南段称法兰西外滩。

一般认为,bund 并不是英文中固有的词汇,而是印度语中对江滩、河滩的称谓,当印度成为英国的殖民地后,进入印度的英国人最初沿江建立基地,这些沿江之地就用印度语叫做 bund,所以在任何一册英汉词典中都能查到,bund 是指东方及亚洲国家水域的堤岸、江边道路、码头,把 bund 汉译为"滩",把上海滨黄浦的 The Bund 汉译为"黄浦滩"也许问题不大,但把它译作"外滩",这个"外"显然有点唐突,节外生枝。抑或,"外滩"并不译自 The Bund。

上海东濒大海,黄浦江东北流入长江口后泻入东海,受大海潮汐的影响,每天会有规律性的潮涨潮落,近海处落差多达数米,这种河称之"潮汐河"。古代,黄浦江没有人工堤岸,沿江为滩地,涨潮时,潮水与岸持平,甚至漫过江岸,而落潮时,水回落到江心,露出几十米,甚至百米的滩地,于是,黄浦江沿江有许多称之"滩"的地名,如沈家滩、钱家滩、东滩、西滩、后滩、里滩等,其中一些"滩"的地名至今仍有影响或在使用,我想,"外滩"本来就是黄浦滩地的一个地名而已。"黄浦十八湾,湾湾见龙华",黄浦曲折多弯,当它流经龙华时突然改向东流,这里已将进入上海县城,其再东流至陆家浜(相当于今南浦大桥处)又突然改向东北流,此后就流过县城,再继续北流,注入长江口。中国的地势呈明显的西高东低走向,于是,中国的大多数河流是由西向东流的,习惯上把河流的上游称之"上",下游称之"下",也许由于上海近海,河流向东就流出陆地,注入海洋,于是上海还有一种地名习惯,把河流的上游称之"里",下游称之"外",如虹口港在今大名路桥东注入黄浦江,于是,旧时汉阳路、长治路、大名路近虹口的地方分别叫做里虹口、中虹口、外虹口,当然,此处的三座桥也依次叫做里虹桥、中虹桥、外虹桥,我以前就住在虹口,就是这样叫的,当然,现在的当地人仍这样叫。又如,苏州河最东面的桥就是外白渡桥,而它西面的桥就是"里白渡桥"。黄浦江的任何滩地都可以叫做"黄浦滩",地名的产生是与人的活动有密切关系的,黄浦江流经龙华后就靠近上海县城了,而再流经陆家浜形成一个急转弯,就径直流过上海城厢,于是古人以陆家浜为分界线,黄浦江龙华至陆家浜的浦西滩地叫做"里黄浦滩",省称"里滩",在清末或民国的地图上还能见到标注,若干年前,卢湾区的一些老同志读了我写的关于"外滩"和"里滩"的文章,又花了心思去核实,确定卢湾区临黄浦江的地方历史上称之"里滩",就多次向区政协提案,争取把已经命名为"南园"的滨江绿地(即打浦桥路以东的绿地)重新命名为"里滩公园",不过,不久卢湾区就撤销后并入黄浦区,看来此事办不成了。陆家浜至苏州河的浦西滩地叫做"外黄浦滩",省称"黄浦滩"或"外滩",清秦荣光《上海县竹枝词·水道》中讲:

龙华浦面阔无涯,清水西来刷底沙。

城外两滩填狭半，舟行倍险众惊哗。

作者原注："案：浦面最阔，在龙华嘴迤南一路。莫狭于近城两岸，不及半里许，故舟行过此汛难。"黄浦流经龙华时形成一个急弯，在龙华的对岸形成一个"半岛"，就叫"龙华嘴"，这里的江面很宽，但过了龙华嘴后，由于已经靠近市区，沿江的滩地被人们争向填平建为码头工厂使江面萎缩至不足半里，水流湍急，船行至此要千万小心，词中提到的"城外两滩"就是里黄浦滩和外黄浦滩，或者是"里滩"和"外滩"。"城外两滩填狭半"，作者生活的时代，离老城厢较近的"外滩"和"里滩"的"滩"已经被填，但地名还在，再过了若干年，由于"滩"消失了，作为地名的"外滩"和"里滩"会逐渐被人们遗忘。

黄浦江流过方浜（后填平筑方浜路、方浜东路，今方浜东路已注销，在东门路北侧）与繁华的老城厢渐行渐远，这里的"滩"仍在。近代

**英租界外滩**

以后,从洋泾浜(1914年填浜筑成爱多亚路,即今延安东路)至苏州河的"外黄浦滩"被划进了英租界,从方浜至洋泾浜的"外黄浦滩"被划进了法租界。1845年上海道与英国驻沪领事签订的《上海租地章程》第二条规定:

> 从洋泾浜北起,沿黄浦江,原有一大路,以便拖曳粮舟,惟该路旋因堤岸崩溃,以致损坏。今该路既在租地范围,则租地西人自应负责修筑,以便行人往来。其宽度应具海关量度二丈五尺,不独可免行人之挤拥,且可以避潮水之冲激房舍。路成之后,商人与曳舟人等,均可自由往来,惟禁止浪人与无赖窥伺其上。除商人之货船及私船外,其他各色小舟均不许停泊于商人地段下之码头,以免引起纷争。惟海关之逡船可以往来巡察。商人得于码头上设进出口栏栅,以便启闭。

条文表述得很清楚,在这里的黄浦江边原来有一条路,这是船夫拉纤踏出来的,为了确保船夫拉纤,以及行人通行,租界当局必须保留这条路,而且应该负责将它修筑成宽不得低于海关量度二丈五尺的公共通道,还规定,路外沿江的地方只能建码头,也就是规定不能造房子。此后,租界当局按《章程》的规定修筑了滨江的马路,这条路历年拓建,它的英文名长期叫做 The Bund,大概 The Bund 不像城市道路名称,而且与英租界的道路名称的格式不一致,在 1865—1890 年一度使用 Yangtsze Road(扬子路或扬子江路),在一份 1867 年字林洋行出版的

**法兰西外滩**

英文《上海英美租界道路图》中又标"Bund or Yangtsze Road",其对应的中文名用过外滩、黄浦滩、黄浦滩路、扬子路,1945年以孙中山名命名为中山东一路。显然,外滩、黄浦滩、黄浦滩路并不是 The Bund 或 Bund 的译名,而就是取原来这段江滩的"外黄浦滩"或"黄浦滩"的原名,当租界建设若干年后,沿江筑了人工堤岸,滩早已消失了,但其地名会沿用很久。

从方浜到洋泾浜的"外黄浦滩"被划进了法租界,而其南岸,大概相当方浜至新开河的那段是根据法国外交部的请求在这里建法国邮船公司码头所用,其法文名叫做 Quai de France,即"法国码头",但英文往往写作 France Bund,中文通称"法兰西外滩",显然,这个"外滩"更不可能译自法文 quai,而就取原汉名。由于上海的英、法租界都有一个"外滩",为示区分,中国人又分别称之为"英租界外滩"和"法兰西外滩"。

前面已经提到,靠近上海老城厢的"外黄浦滩"在上海开埠之前已被填滩建为码头作业区,滩早就消失了,上海码头的地价可以"寸土寸金"作比喻,商人侵占岸线的事仍不断发生,于是在19世纪末,上海地方政府决定沿江边筑一条马路,以此作为规定的岸线,这条马路就是今天的"外马路",而它的英文名就叫做 Chinese Bund,也就是"中国外滩",因为它已经有了"外马路"这个中文名,中国人也不至于把 Chinese Bund 叫做"中国外滩"或"华界外滩"了。

"外滩"是一个俗地名,在地名学中称之区片或片区地名,最初,它应该指从今南浦大桥至苏州河的黄浦江浦西的"外黄浦滩",近代以后多指从新开河至苏州河的临江之地,这是一条狭长的带状的区片,为更精确指明位置,习惯上使用与其相交的马路名加以固定,如南京路外滩,北京路外滩等。

实际上,租界时期的汉口、宁波等地也有租界,也有所谓的 The Bund,它们的中文名并不叫"外滩",而如今,"外滩"地名知名度很高,有很高的商业价值,汉口、宁波的原 The Bund 今也被叫做——外滩,于是人们只得以"汉口外滩"、"宁波外滩"作区分了。

# 周家嘴与复兴岛

黄浦江向北流经浦东陆家嘴后改向东北流,在今天的军工路隧道处突然改向北流,在浦西形成了一个面积不小的"嘴",以前叫做"邹家嘴",这里距黄浦江的入海口——吴淞口大概只有三十里,江面很宽,浪潮很大,经常有小船行驶到此地被浪掀翻或打坏。秦荣光《上海县竹枝词》:

> 旺胖潮当八月秋,年年十八接潮头。
> 湾经邹嘴龙华底,势作盘涡易坏舟。

"旺胖"又作"黄胖",原来是指一种泥娃娃,形象黄而胖,十分可爱,沪语"黄胖"也喻黄而胖的人或物,人因患肝炎或其他疾病而出现的虚胖症容易被人叫做"黄胖",鲁迅先生称家乡绍兴有"吃力勿讨好,黄胖炒年糕"之谚,而宁波人又讲作"吃力不讨好,阿旺炒年糕",大意即体质"黄胖"的人去干沉重的体力活,往往适得其反,吃力不讨好。以前上

海市场上供应一种颗粒较大,外观黄色的甘草橄榄,就叫做"黄胖橄榄","黄胖潮"就是含沙量较高的大潮。《竹枝词》还讲:

> 邹家嘴北浦潮凶,麦粥家中愿吃侬。
> 腰里西风粗一倍,况当子午汛偏逢。

作者原注:"俗语:'情愿家中吃麦粥,不愿邹家嘴北'。"邹家嘴北更靠近吴淞口,行船的风险更大,所以宁可在家里喝薄粥,也不要到邹家嘴冒风险。"邹家嘴"后也作"周家嘴",《杨浦区地名志》是这样解释的:

> 周家嘴,位于本区东南部,杨树浦路、黎平路一带。大致范围东临复兴岛运河,西至定海路西侧,南濒黄浦江,北至凉州路北侧。地境东南沿黄浦江一带为芦苇荒滩,黄浦江在此折而向北,成嘴角状,在荒滩北侧(在今定海路、杨树浦路口)有周家宅自然村,故称周家嘴或周家嘴角。

就像陆家嘴以陆深宗族世居那里而得名的一样,因为这里有"周家宅"才被叫做"周家嘴"也不会错。也许我们能找到一个更合理的和有根据的解释。古代,江南地区县下设乡,乡下设保,保下为图,图下为圩,原周家嘴地区的北部属宝山县殷行乡"衣图",南面属殷行乡"周图",《杨浦区地名志》在"衣周塘堤岸"中引《宝山县续志》中讲:

> 塘于雍正十年,潮灾之后,人民胆落,闻胡八创议筑塘,衣、周各图士民朱臣等请拨夫,同时排筑。

这个护塘在"衣图"和"周图"内,就叫做"衣周塘",1918年筑军工路时,部分护塘成了军工路的路基,余下的部分因失去作用,后来被铲平了,周家嘴就在原"周图"内,它以"周图"得名似乎更合理一些。

周家嘴或邹家嘴的地名已经消失了,现在沪东有一条"周家嘴路",它的东北端紧靠军工路,当然它就是以通周家嘴而得名的。

原周家嘴的黄浦江有一岛称"复兴岛",呈月牙形,长3.42公里,平均宽427米,面积1.13平方公里,黄浦江是通航的大河,除了复兴岛外,没有其他的岛,难免有点奇怪。原来这个岛是人工岛。

1843年上海开埠后,上海港迅速发展而成为中国的第一大港,船只经黄浦江停靠各个码头。上海开埠之初,海上航运的船只还是木帆船,载重一般在二百至三百吨之间,最大的不会超过五百吨,可以自由进出黄浦江,到1850年,木帆船逐渐被铁质的火轮船替代,吃水和吨位越来越大。美国学者罗兹·墨菲《上海——现代中国的钥匙》(Rhoads Murphey *SHANGHAI, key to modern China*)中说:

> 上海《北华捷报》(*North China Herald*)发表的船舶吨位一览表,表明1850至1860年间,进入上海港口的外洋轮的平均容积约为1 000毛吨。1860至1869年间,船舶平均容积达2 300毛吨,到1880年,已超过4 000毛吨。

作者还得出这样的结论：

> 十九世纪后半叶，由于轮船航行的发展，上海周围的困难境况变本加厉了。最有经济效能的外洋轮船，吃水的深度愈来愈大，到1885年或1890年，这些新型货轮，多半要经历艰难困苦，始能到达上海，或者干脆不能到达。

根据中国与列强签订的条约，上海的黄浦江和苏州河是通航河道，其主权永远属于中国，外国人不能擅自疏浚河道，只得希望清政府或上海道来处理此事，但是，中国的大轮船很少，航道淤塞与自己的关系不大，还有人认为，黄浦江淤塞，外轮就进不了上海，这更是求之不得的事。1901年9月7日，大清与多国签订了《辛丑条约》，条约涉及到许多内容，其中第十一款就规定要设立黄浦河道局，条文讲：

> 现设立黄浦河道局，经管整理改善水道各工。所派该局各员，均代中国暨诸国保守在沪所有通商之利益。预估后二十年，该局各工及经管各费，应每年支用海关银四十六万两。此数平分，半由中国国家付给，半由外国各干涉者出资。该局员差并权责及进款之详细各节，皆于后附文内列明（附件十七）。

《辛丑条约》附件十七中更对黄浦河道局的组织、职权、经费来源等作了更明确的规定。

这个机构于1905年正式成立，正式挂牌的名称为"上海浚浦局"，英文名Whangpoo Conservancy Board。浚浦局的总部机关设在外滩13号的海关大楼里，浚浦局的首要任务就是疏浚黄浦江航道，于是在周家嘴的北面也设了一个临时指挥部，现在的军工路共青森林公园的北面还有一条"浚浦局路"，就是以这个浚浦局指挥部得名的。为了赶时间，从黄浦江航道下挖出来的淤泥大约有三分之一用驳船运出吴淞口，倾倒到近海，三分之二被倾倒在周家嘴江滩，本计划等以后再开挖后倾倒到大海里。由于这段的黄浦江很宽，江滩被填后并不影响通航，1927年，经政府批准，浚浦局就出资买下了这块填平的江岸，并把浚浦局的一个分支机构也搬迁到这里，为了使民间小型木船可以正常通行，他们又在新填的滩地与原陆地之间开挖了一条运河，于是这个滩地与陆地分开而成了一个岛，因岛在原"周家嘴"，就叫做"周家嘴岛"，1945年改称"复兴岛"，岛与陆地之间由"定海桥"相通。

# 寻找乌泥泾

黄道婆是中国古代杰出的女性,她在上海地区推广种植棉花,改革纺织工具,教授纺织技术,在相当长的一段历史时期里,棉花也成了上海主要的经济作物,手工棉纺业成为上海重要的产业,"松郡之布,衣被天下",上海地区生产的棉布分销到全国各地,使上海人摆脱贫穷,发财致富。她是上海的恩人,中国的历史教材中也有黄道婆的事迹,黄道婆长期生活在上海的"乌泥泾",但很少有人去介绍"乌泥泾",人们也不知"乌泥泾"在今天上海的什么地方,未免有点遗憾和美中不足。

陶宗仪是元末明初人,原籍浙江黄岩,世居今上海市松江区泗泾镇,是一位大学问家。黄道婆的事迹最早记录于陶宗仪《南村辍耕录·卷二十四·黄道婆》,原文不长,抄录如下:

闽广多种木棉,纺织为布,名曰吉贝。松江府东去五十里许,曰乌泥泾,其地土田瘠,民食不给。因课树艺,以资生业,遂觅种于彼。初，无踏车椎弓之制，率用手剖去子，线弦竹弧置按间，振掉成剂，厥功甚艰。国初时，有一妪名黄道婆者，自崖州来，乃教以做造扦纺织之具，至于错纱配色，综线挈花，各有其法。以故织成被褥、带悦，其上折枝、团凤、棋局、字样，粲然若写。人既受教，竞相作为，转货他郡，家既就殷。未几，妪卒，莫不感恩，泣洒而共葬之。又为立祠，岁时享之。越三十年，祠毁，乡人赵愚轩重立。今祠复毁，无人为之创建。道婆之名，日渐泯灭无闻矣。

陶宗仪到底是大家手笔，寥寥数言，就把黄道婆与上海纺织业交代得清清楚楚。上海是冲击成陆的土地，东濒大海，土地贫瘠，不适宜种庄稼；棉花是热带亚热带作物，中国只有福建、广东等南方地区有少量种植，棉花纺织成布十分昂贵，古代当作贝叶使用，用来抄写经文，所以叫做"吉贝"，上海与福建、广东有海上贸易，于是上海人试着从南方引种棉花，不过缺乏纺织工具和技术，棉花的加工十分艰难，棉花的推广种植更是举步维艰。元朝初年，有一位叫黄道婆的人从海南岛来到上海乌泥泾，她教人们制作先进的纺织工具，传授纺纱织布的技术，教人们织各式各样的纺织品，上海人把棉花织布，销往各地，家家户户富裕起来。黄道婆逝世后，上海人为她隆重下葬，还为她建立祠堂，铭记她的恩德。陶宗仪讲黄道婆生活的地方是"松江府东去五十里许，曰乌泥泾"，上海是至元二十九年(1292年)建县的，隶属松江府，乌泥泾属上海县，陶宗仪为什么不讲"上海县乌泥泾"，而讲是"松江府乌泥泾"，也许，当时上海的知名度太低，他怕读者不理解，又或许有其他的原因。江南是水乡,多河流湖泊,"泾"往往是指细而长的河流,乌泥泾就是一条河流的名称,南宋《绍熙云间志》没收录"乌泥泾",应该讲,这条河不大,也不重要。明《弘治上海县志》中记:

> 乌泥泾,在二十六保至元间,水因闸患,议曰:乌泥泾闸内旧有河身,径直下流入浦,拟合趁此农隙,从宜开挑,以导缩水归海乃可。否则,春来雨水不常,官粮必复被渰,小民逾遭疲困,深系利害。

乌泥泾在元朝以前就存在了,河的某一段建有水闸,水闸挡住了水的出路,反而使水闸的上游淤塞严重,于是在元至元年间(1264—1294年)两次疏浚乌泥泾,并重建水闸,《弘治上海县志》中也有记录。

改革开放后,上海的城市化速度加快,近郊大部分地区已成为人口密集的住宅区、商业区,许多河道被填或被改造,用文字来表述历史河道的走向十分困难,读者也因找不到合适的历史地图而无法理解,我还是用读者比较容易接受的方法作介绍。

《同治上海县志》是距今不算太远的志,该志卷三《水道》在记录黄浦西岸的河流中讲:

> 乌泥泾,浦水入,北通长桥。今淤。

乌泥泾是黄浦江浦西的支流,引黄浦江水向北流过长桥,长桥这个地名今天仍在使用,在今闵行区上海植物园南,这里有长桥路和长桥新

村。又说:

> 华泾港,浦水入,经华泾市,西南通春申塘,达华界南折一支,为八尺港,通吴店塘。
>
> 华漕港,在华泾港北,即乌泥泾八尺港之支流。

华泾港今天还在,出口在今徐浦大桥南,华泾路北,向西、向北流经华泾公园、华泾路、朱行,在梅陇镇并入梅陇港。在华泾港的北面曾有一条叫华漕港的河流,而它曾是乌泥泾的支流,更早的名字叫做"八尺港"。根据以上描述,乌泥泾应该在今上海植物园的南面,华泾港的北面,由于这条河在清同治年间(1862—1874年)已经淤塞了,要画出它确切的走向已是不可能了。

乌泥泾镇也是上海地区较早出现的镇之一,明《弘治上海县志·卷二·镇市》中记:

> 乌泥泾镇,在二十六保。去县西南三十六里。尝有田文得古碑,是地名宾贤里。宋季,著姓张百五公居之,富垺侯伯。至元辛巳(1281年),参知政事郑公董师海上(这里的"海上"即上海),市张俊遇宅,建太平仓。至王(元)间,张瑄以海漕隆显,亦治第其中。前《志》谓:人民炽盛于他镇。今则鞠为草莽,存者无几矣,唯税课局在焉。

当地人在地下挖到一块石碑,据石碑中记,这里原来叫做"宾贤里",宋朝末年,有一位叫张百五的富翁就居住在这里,在上海建县之前的公元1281年,一个姓郑的官吏派到上海,就买下了当地人张俊遇的住宅改造为粮仓——太平仓,《弘治上海县志》中还收录了当时人张梦应写的《太平仓记》,曰:

> 至元辛巳,国家调度参知政事郑公董师海上,以粮道为第一务,运漕转输,莫此为便,相地立仓,议峙粮二十万石。会近境官张俊遇有宅一区,为屋四百有九园,馆一十五地,为步三万五千四百八十四。环屋皆水,规模广袤,气象雄伟。俊遇知公有经济之志,慨然以园宅自售。省闻于朝,获旨于公,帑给宝钞九万两酬其直……

元灭宋后建都大都(今北京市),为了克服北方粮食不足的困难,决定将江南的征税改为实物税,直接征收大米运往北方,称之"漕运",征收的大米称之"漕米"、"漕粮",俗称"皇粮"。本来大运河是南北航运水道,但在南宋时由于国家分裂,运河淤塞,于是元朝重用上海人朱清、张瑄,以海运的方式开展漕运,于是就必须在江南建立粮仓,将粮食集中后装运海船北上,于是一位姓郑的漕运官买下乌泥泾镇一个叫张俊遇的住宅建为粮仓。张家的住宅"为步三万五千四百八十四",这似乎是一个精确的数字,古代一举足为"跬",相当于半步,两足各跨一次为"步",于是"步"也作为长度单位,古尺在六尺到八尺之间,由于各朝的尺的长度不一样,才有一步等于几尺的不同,而实际上"步"的长度是相近的,今人的一步大概在1.5米,以1.5×35 484＝53 226(米),这张家的住宅四周围达53公里,边长达13公里,这似乎也太大一点了。不过,古书就是这样记录的,信不信由你自己决定。

朱清是今崇明人,张瑄则是今浦东新区高桥人,均为海盗出身,元初投靠元朝,负责漕运,陶宗仪《南村辍耕录·卷五·朱张》中记:

> 二人者,建言海漕事。试之,良便。至元十九年也。上方注意向之。初,年不过百万石,后乃至三百万石。二人者,父子致位宰相,弟侄甥婿皆大官,田园宅馆遍天下,库藏仓庾相望,巨艘大舶,帆交番夷中,舆骑塞隘门巷,左右仆从皆佩于菟金符,为万户千户,累爵积赏,气意自得。

"一人得道,鸡犬升天",朱清、张瑄发迹后,他们的亲朋也发了大财,《弘治上海县志》称"张瑄以海漕隆显,亦治第其中",此说表述有所不妥,应该讲,乌泥泾建了一个可贮粮二十万石(上文提到,元朝每年漕运最高额仅为三百万石)的大粮仓,主管漕运的张瑄也把自己的府邸建在乌泥泾。

到了明朝乌泥泾镇开始衰落,到弘治时,已"鞠为草莽,存者无几",道理很简单,朱元璋登基后实行严厉的海禁政策,严厉禁止在近海开展航运和贸易,于是漕运也改为运河运输,上海离运河很远,其在漕运中的作用和地位已失去,乌泥泾镇自然就衰败了。又过了若干年,明嘉靖三十二年(1553年)上海倭患严重,那个设在乌泥泾镇的税课局也被毁了。

清道光《上海县新建黄婆专祠碑》中说：

> 黄婆诞降,至正之初,自崖州附舶至吾沪乌泥泾,教民纺织,棉始为布。化行若神,法流松太。近世秦、陇、幽、并,专传治法,悉产棉布。然松太所产,卒为天下甲,而吾沪所产,又甲于松太。

人们泣感黄道婆的恩德,"黄婆之殁也,乡里醵葬而祠之",但上海地区战乱不已,黄道婆祠"递迁递毁",已很难找到最初的黄道婆祠遗址了,但黄道婆墓虽荒芜,但墓基一直到民国初还在。1936年,以柳亚子为馆长的上海通志馆一行多人到上海西南的华泾调查,并发表《华泾访古记》,在当地人的指引下找到了黄道婆墓,同行的胡怀琛还作诗一首:

> 黄婆墓已荒,棉田空夕阳。
> 遗爱在人心,墓废亦何妨。

1956年,上海市历史与建设博物馆筹备处(可视为今上海市历史博物馆的前身)再度赴实地踏勘,认定墓址。1957年修复。"文革"中被毁。1986年又重修,以后又在墓旁建"黄道婆纪念馆",位置在今外环线浦西一侧距徐浦大桥约1.8公里处,长华路的东侧,当然,这里也是古代乌泥泾和乌泥泾镇的位置。

# 蕰藻浜与彭越浦

蕰藻浜西起嘉定区安亭镇以东的吴淞江,东流至吴淞口入黄浦江,全长三十八公里,是上海为数不多的可通航百吨货船的通航河道。在与吴淞镇相近的地方,跨蕰藻浜的桥就叫蕰藻浜桥,是连通同济路和逸仙路的大桥,是上海市区通往宝山的主干道,上海人向来对上海的河流不熟悉和不熟知,但是蕰藻浜桥的知名度很高,于是才使上海人知道,这桥下的河流叫作蕰藻浜。不过,在蕰藻浜桥的南北两堍以及桥身中孔的上方的铭牌上均将该桥写作"蕰藻浜桥",宝山区境内一条连接蕰藻浜与新川沙的道路的路牌也被写作"蕰川路",于是,人们就弄糊涂了,这条河是"蕰藻浜"还是"蕰藻浜",而这"蕰藻"或"蕰藻"又是什么意思。一些媒体也加入了这一争论。

《说文解字》:

> 蕰,积也。从草,温声。《春秋传》曰:"蕰利生孽"。

清段玉裁《说文解字注》：

> 《左传》："芟夷蕴崇。"杜注："蕴，积也。"又"萍蘩蕴藻之菜。"注："蕴藻，聚藻也。"

今人读古人比较困难，实际上"蕴"就是许多水生的草类植物聚积在一起的意思，而"蕴藻"就是大量的水生藻类迅速生长而聚集在一起的意思，尤其是现在，当人们将大量的工业和生活废水排入江湖之中，使江河之水的含磷量大量上升，水葫芦、绿萍等水生藻类植物疯长，湖面上形成大量堆积的萍藻而严重破坏生态，甚至造成灾难。而古代，自然生态良好，当夏春之际，气温适宜植物生长，农民们可以取水生植物当作牲畜的饲料，也可以用来做种地的肥料，于是，水生的草类被叫作"蕴草"，水生的藻类叫作"蕴藻"。江南多河流湖泊，蕴草和蕴藻特多，茅盾《水草行》中说：

> 而且这"头壅"的最好的材料，据说是河里的水草，秀生他们乡间叫作"蕴草"。

> "哼！不过错过了今天，河里的蕴草没有我们的份了？"财喜暴躁地叫着就往屋后走。

胡祖德是民国时期上海人，对上海历史、文化、风俗掌故、语言俗语颇有研究，其著《沪谚》《沪谚外编》收录了许多民间谚语，其中有"捞着蕰草就是虾"，河虾喜欢潜伏在水草之中，也许，捞上一把蕰草可以带上几只小虾，也许，捕虾人只捞到蕰草，但并不见有小虾。我在童年的时候，家里有一只不太大的玻璃鱼缸，养几条小鱼，缸里放几叶水草，我们也是把水草叫"wen 草"的，只是当时并不知道"wen 草"该怎么写。

行文到此，读者一定明白了，蕰藻浜一定是河中生长着蕰藻或蕰草而得名的。

古代，"蕰"和"蕴"可以通用，但是，指明是水中的草或藻时只能写作"蕰草"或"蕰藻"，而不能写作"蕴草"或"蕴藻"，所以，这条河应该作"蕰藻浜"，而不能作"蕴藻浜"。

早在 1957 年，上海市人民政府就规划在上海北郊的原宝山县彭浦乡境开辟建设"彭浦工业区"，范围相当于东起俞泾港，西至彭越浦，南起广中路，北至走马塘，总面积约 5.5 平方公里，此后在这里兴建了彭浦机器厂、华通开关厂、四方锅炉厂、上海造纸机械总厂等大中型企业六十余家；与此同时，还在彭浦工业区的北侧兴建工人住宅区——彭浦新村，如今，彭浦工业区的大部分工厂已并闭或迁建他处，而占地约 4.25 平方公里，人口约十万的彭浦新村仍是上海最大的住宅区之一，也是上海知名度很高的"新村"住宅区。

彭浦是彭越浦的简称，而彭越浦还被写作蟛蜞浦、蟛蝟浦、蟛蜞浦等名。彭越是秦末汉初的一个军人，他最初追随楚霸王项羽，后来归顺了刘邦，当西楚霸王在乌江自刎后，被刘邦封为梁王，在定陶（今山东省济宁一带)建立自己的都邑;当汉高祖刘邦诛杀了韩信后,他也担心自己将成为下一个被杀的对象,于是处事十分谨慎,当刘邦准备攻击陈豨时,派人向彭越征调军队,彭越假称有病而不接待来使,这使汉高祖刘邦十分恼火,立即又派人当面指责彭越,刘邦要杀害彭越的迹象已经十分明显了。彭越的部将多次劝彭越造反,而此时的彭越已处于进退两难的困境,最终,彭越被捕并被发配到蜀地,彭越到了四川后就开始串通九江王英布,密谋联合反抗刘邦,刘邦得到此报信后就下令诛杀彭越,并诛连三族。据《汉书》中记载,是英布代为彭越收尸。不过,许多野史中讲,刘邦派人杀了彭越后,下令将彭越的尸体用盐腌制后运回,一次,刘邦在江中宴请九江王英布,当英布吃了第一道菜后,感到所吃的食物有异味,刘邦才告诉英布,你刚才吃的是彭越的尸体,这一下把英布吓得不轻,所吃的食物全被呕吐出来,而呕吐的彭越尸块掉入江中后立即化为一只只小蟹,因为这种小蟹是彭越的尸块变的,于是这种小蟹就被叫作"彭越",后来也被写作蟛越、蟛蚏、蟛蜞、蟛蚑等。一种说法,这条河边有许多的蟛蚑,于是被叫作"彭越浦"。

另一种说法是,彭越被诛后,他的部下就偷偷地为他建庙,后来彭越成了一位镇潮神,元代,在这条河的中段建有"彭王庙",于是被叫作"彭越浦"。彭越浦是以这个彭王庙而得名的。

我从事上海历史研究多年,有一个问题我至今仍聆勿清,汉代时,今上海市区的大部分土地还是近海的滩地,这里根本不可能有人居住,但上海的许多地名与楚汉之争中的人物有关,如今上海地区出现的第一个城隍庙是金山城隍庙,城隍是西汉初的霍光,据《松江府志》

中记：五代十国的吴越国，沿海的金山经常遭海潮侵袭，百姓生活十分艰难，一次，吴越王的一个宫廷内官梦见三国东吴国君孙皓托梦，说金山面海，海水为患，非人力可防，只有汉代功臣霍光有神力，只要在金山建霍光的庙，就可以镇压水患，于是，金山就造了"霍光神祠"，以后，相近的地方又建造了多处"霍光行祠"，上海的"霍光行祠"就建在方浜边上。当明初朱元璋封上海人秦裕伯为上海城隍正神后，永乐时上海就在"霍光行祠"的原址重建上海城隍庙。所以，上海的城隍庙有两位城隍，这种"一庙二城隍"的现象在全国是不多见的，不信你可以到上海城隍庙去观瞻，庙的前殿供的一位城隍是霍光，后殿才是城隍正神秦裕伯。

今沪西北的北新泾略西的近吴淞江的地方旧时被叫作"虞姬墩"，又被叫作"野鸡墩"，关于该地名来历的传说大同小异，今抄录王韬《瀛壖杂志》中的解释：

> 去北郭三十里，有渔姬墩。相传以渔妇得名。俗讹为野鸡墩。而沈梦塘孝廉则曰："不如直呼为虞姬墩，尤雅。"其《题虞姬墩》诗云："汉殿秋风雌雉啼，江东坏土拜虞兮。项刘不是争墩客，谁把墩名误野鸡。"固知文人之笔，无所不可。或以文翬洲当之，距浦较远，未之敢信。今按野鸡墩畔本有虞姬庙，塑女神像，庙前有大银杏二株。后江圮而庙毁。道光二十七年，里人张化麟捐资重建。咸丰十一年，发逆犯沪城，屡由是道，庙竟毁于火。是则梦塘之说，固非无因已。

虞姬墩的地方确实有过虞姬庙，1861年太平军东进打到上海时毁了，后来也未重建，当然，"虞姬墩"或"野鸡墩"已成了一个历史地名。

今闵行区西北与青浦区接界处，即纪翟公路（纪王至诸翟）、纪鹤公路（纪王至白鹤）交会处，北近吴淞江的地方有个"纪王镇"，而这位纪王就是楚汉之争时的纪信，他在刘邦手下任将军，当年项羽围困荥阳时，纪信请以刘邦的名义出城引诱项羽，当项羽的部人追逐纪信时，刘邦则乘机出逃。纪信被项羽拘捕后被火烧死，刘邦建立汉王朝后封纪信为忠祐王，并立庙纪念。据记载，在很早以前当地的百姓在这里建造"纪王庙"以镇压吴淞江水患，到明朝正德年间（1506—1521年）这里形成庙市，称"纪王庙市"，万历年间（1573—1620年）形成镇市而称"纪王庙镇"。纪王庙早已消失了，据说这里有一棵树龄五百年的银杏树，是原纪王庙的遗物。

沪西有一条"万航渡路"，旧时也叫作"樊王渡路"，是以河北端近吴淞江处有一纪念汉初刘邦手下大将樊哙的"樊王庙"。樊哙以屠狗为业，后追随刘邦，屡建奇功，还伴随刘邦出席项羽的鸿门宴，当范增出剑谋杀刘邦时，樊哙出盾牌抵挡，救下刘邦一命，官至西汉左丞相，封舞阳侯。

上海还有一些与楚汉之争时期人物留下的土地庙，至于上海为什么会有如此多的西汉初人物的庙，以及由庙留下的地名——我至今仍弄勿懂。希望有人来解决这一历史疑案。

彭越浦在历史上是宝山县境内的彭浦乡与真如乡的分界河，河东是彭浦乡，河西为真如乡。20世纪初建沪宁铁路时，就在彭越浦上架了铁路桥,因为这是铁路专用桥,禁止行人通行,所以并无名称。几年后,闸北工巡局沿沪宁铁路筑交通路(初名彭泽路),在彭越浦上筑石桥,该桥由一家叫"普善山庄"的慈善团体出资,故被叫作"普善桥";1918年时又由上海市工务局重建为水泥桥,当时的水泥主要依靠进口,上海人称之"洋灰",而这座桥是当地出现的第一座大型洋桥,于是被当地人叫作"大洋桥"。大洋桥位于苏州河北岸,居民大多是相邻的"东站"(址即今上海火车站)和苏州河南岸的工厂的工人,是上海出名的棚户区和贫民窟,附近还集居许多以拾荒为生的贫民和流民,这里也是上海很出名的废旧物品摊点和销赃地,所以,以前市中心区的居民不一定知道"大洋桥"这个地名,而在沪北以及许多上海贫民中,"大洋桥"是一个知名度颇高的地名,也是贫民窟和旧货市场的代名词。

以前,在"大洋桥"的东面,即今太阳山路大统路处也是一个更大的旧货和销赃市场,20世纪80年代将原"东站"改建为上海火车站时,大统路被拓宽建为南北主要通道,大统路旧货市场就被转移到"大洋桥"一带,使"大洋桥"成为上海最大的旧货市场,如今已成为所谓收藏家的人,至少一半以上就是从"大洋桥"走出来或是从这里淘旧货起家的。如今,"大洋桥"的旧货市场已关闭,但这里地近上海火车站北广场,仍是上海秩序比较混乱的地段。

# 昔日上海县城里的河浜

台湾远景出版社与上海辞书出版社合作,决定出版由我主编,上海辞书出版社出版的《上海掌故辞典》。大陆的书通常为简体字横排,而台湾则多为繁体字直排,该书在台湾用电脑转排时,出现了不少因简体和繁体而产生的问题,如"后"与"後"本来为两个不同的字,转排后全部的"后"被转为"後"字,"皇后"也被转为"皇後",又如"里"和"裏"或"裡"为两个不同的字,转排后所有的"里"被改为"裏"或"裡",这样"十几公里"就变成了"十几公裏",台湾的编辑难以胜任转排后《上海掌故辞典》的修改和编辑,只得请我帮忙。我在修改时又遇上一个令人奇怪的问题,上海是水乡,江南一带小河特多,上海人称之"浜"、"河浜",方言"浜"音近 bàng,是一个常用词,而清样中的"浜"全部被转成了"濱",江南的人都知道,"浜"用于小河名称,也指小的河流,而"濱"指临水的地方,是两个完全不同的字,而询之台湾人,他们不识"浜",也一直以为"浜"是"濱"的简体。后来我在《正字通》中读到"浜,俗濱字。"清翟灏《通俗编·地理》中讲得更具体:

> 潘之恒《半塘小志》谓吴音以滨为邦,俗作浜字,不知浜自在庚韵中,《广韵》亦载,并未因滨转也。

实际上,吴语中,"浜"和"滨"是两个同时存在、字义和发声都不相同的字,并不存在由于读音相近而互相通用的事实,浜就是浜,而滨就是滨,浜和滨是不可通用的。

清魏源《东南七郡水利略叙》中讲:

> 江所不能遽泄者,则亚而为浦、为港、为渠、为渎,为洪、泾、浜、溇,凡千有奇。

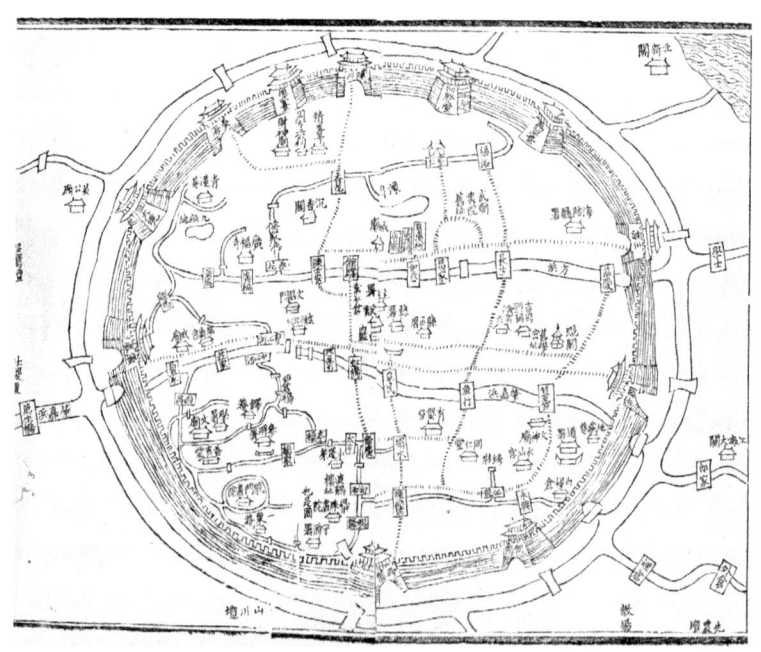

《同治上海县志·上海县城图》

从排列程序上看,浜就是比洪和泾还小的河流,上海方言也是如此,很小的河流才叫作"浜",我童年的时候,上海市区的面积并不大,走上个把小时,离家十余里就可以进入"近郊"了,我们会选一条很小的河浜,用人工将河浜里的水掏干,可以在干涸的小河浜里抓到不少小鱼,我们叫作"拷浜"(估计"拷"是"沽"的讹读);小河浜往往一头或两头都不通河,容易发臭,上海人称之"死河浜"、"臭水浜"等名,此真如明李翊《俗呼小识》中所讲:"绝潢断港谓之浜。"而凭我的观察,以前上海县城里的小河,或流经县城的河流几乎都叫作"浜",如肇嘉浜(流经城里的那段相当于今复兴东路)、方浜(今方浜路)、侯家浜(今侯家路和福佑路)、薛家浜(今薛家浜路)等,还有就是离县城比较近的小河大多被叫作"浜",如今天的延安东路旧时是一条叫作"洋泾浜"的河流,城南的陆家浜路则是一条叫"陆家浜"的河流。还有,到了清代,一些河流的两岸发展成为镇市,这条流经镇市的河流也会被叫作"浜",本书在介绍法华镇时就提到,清代,在李㲼泾的两岸形成了法华镇,李㲼泾成了穿过法华镇的河流,于是它也被人们改呼为"法华浜"。宋朱长文《吴郡图经读记·城邑》中讲:"观于城中,众流贯州,吐汲震泽,小浜别派,旁夹路衢",大概江南在宋代就习惯性地把城内的河道叫作"浜"了。

清顾禄《清嘉录》是一部记录苏州风物的著作,其《卷七·立秋西瓜》中讲:

> 立秋前一月,街坊已担卖西瓜,至是,居人始荐于祖祢,并次之相馈贶,俗呼"立秋西瓜"。或食瓜饮烧酒,以迎新爽。有等乡

人,小艇载瓜,往来于河港叫卖者,俗呼"叫浜瓜"。

以前,上海人把本地种植的西瓜叫作"浜瓜",其中又以浦东三林塘"浜瓜"最出名,后人不知上海产西瓜何以被叫作"bàng瓜",大多以为这种瓜皮薄易开裂,而方言称"开裂"为"崩",音近bàng,多写作"崩瓜",如今看来,"bàng瓜"应该写作"浜瓜",就是乡人摇着小船,停靠在河浜边叫卖而得名的。而如今,上海人只记得以前上海出产一种叫作"浜瓜"的甜瓜,而不知所谓的"浜瓜"就是西瓜。

上海知名度最高的"浜"当推"肇嘉浜"和"洋泾浜"了,本书中有专篇介绍,这里就不讲了。

《同治上海县志·卷三·水道上》:

> 薛家浜。浦水。从小南门外青龙桥入,北流经小普陀、妙莲桥,北折而西,过小闸桥进朝阳门水关,过永兴桥、陈篐桶桥,西经渡鹤楼,南折至薛家桥迤西守备署前,再西止城根守备署西小桥下。一支北流汇于吾园(即今龙门书院址);一支从渡鹤楼分流,北折至小桥,西转会半段泾,入中心河;一支从薛家浜至乔家浜化龙桥下,北折名郁婆浜过绣鞲桥止。

免去烦琐的考证,薛家浜从清末开始填浜筑路,先后被筑成尚文路、凝和路、乔家路、小石桥街、赵家湾街、南区街、薛家浜路、油车码头街。

据同治、光绪《上海县志》中记载,薛家浜在城外的河段上有青龙桥、外仓桥、妙莲桥、中仓桥、里仓桥,如今这里的"外仓桥街"、"里仓桥街"就是以桥而得名的;在城里的那段浜上有:永兴桥、广济桥、凝和桥、兴隆桥、薛家桥、永隆桥、永安

上海城里多河流,随处可见这样的环龙桥

桥、大通桥、余庆桥、小桥、阚水桥等,这些桥和桥名中,除今凝和路得名于凝和桥外,其他的全部消失了。《同治上海县志》中讲:"广济桥。俗呼陈箍桶桥,又名陈顾同桥",这座桥在上海历史上特别有名气,因为,这座桥与上海一段有趣的故事有关。如清毛祥麟《墨余录·卷三·陈箍桶》中讲:

> 陈箍桶,佚其名,宋末隐士。居浦滨,以箍桶为业。跣足蓬头,冬夏一衲,不涤,亦不秽也。须鬓斑白,双瞳湛如碧玉,能言徽、钦时事,而貌仅如五十许人。常来江浙间,踪迹殊无定。性懒,而好酒善睡,一日醉卧浦滩,潮适大至,顺流五六里,鼻中犹齁齁作声,人以是咸目为仙。时元右丞相伯颜渡江东下,破常州,江以南盗贼蜂起,积尸遍野,烟火断绝有经月,而陈独安然,日仍醉卧街头,竟不知何从得食也。里有某氏,为陈旧邻,母女遽被贼迫,陈遂挟与俱行,群贼紧追,终不及。怒以火铳击之,陈复以身左右蔽,竟无所损,幸免于难。洎元贞之初,华亭陆正夫,犹遇陈于

江宁,后遂不知所终。邑有"陈箍桶桥",乃其遗迹。今人呼为"陈顾同桥",谓是二姓所造,真臆说也。

古代上海县只是江南的一个近海小县,经济并不发展,留下的遗迹,传说故事并不多,而如今的上海已经是一个国际大都会,上海有足够的能力收集有关上海的传说故事,将其作为非物质文化加以保护,我想,"陈箍桶桥"的遗迹消失了,但关于"陈箍桶"的传说故事不应该消失,——你说对吗?!陈箍桶桥的旧址在今光启路乔家路口,如在这里设一与"陈箍桶"相关的城市雕塑,效果一定不会差。

薛家浜还流经一个叫作"吾园"的花园。

毛祥麟著《墨余录》及清《同治上海县志》记载,该园原为毛氏外祖母家邢氏的桃园,后来被李筠嘉收买,改作私家花园。园内有带锄山馆、红雨楼、潇洒临溪屋、清气轩、绿波池等景点。道光初年,江苏巡抚陶澍因公来上海,计划在城内扩建黄道婆祠(即先棉祠),于是收买吾园的一部分建祠。1853年(咸丰三年)小刀会起义时,吾园大部分被毁,但黄道婆祠依然存在。1867年(同治六年),园林由上海道应宝时收买,建为龙门书院,并建有讲堂、宿舍四十余间。清季,废除科举制度,经院长汤寿潜建议,1905年(光绪三十一年)改为苏松太道官立龙门师范学堂。1927年,又与位于陆家浜路南、迎勋路西的江苏省立商业专门学校合并,改为江苏省立上海中学。吾园原校址就作为初中部。1931年,在龙华南营建新校舍(即今上海中学),1934年落成后迁入新校。吾园校址和先棉祠则被地产商收买,建成二十幢里弄住宅——龙门村(今尚文路 133 弄、先棉祠街 80 弄)。这里的吾园街和先棉祠街,即吾园所留遗迹。

《同治上海县志·卷三·水道上》中讲:

> 方浜。东引浦水,由学士桥下入宝带门水关,经益庆桥、长生桥、馆驿桥、陈士安桥、广福寺桥,西至方浜稍傍城脚而止,此经流也。西马桥下北折一支,通九亩地,为古露香园池湖,并通金家牌楼大境左右;西马桥西南折一支,经红栏杆桥、穿心河,达肇嘉浜,即"中心河";一支从中香花桥北流,名侯家浜,北折而东、过北香花桥、安仁桥,至福佑桥而止。

方浜的主干河,即引文中讲的"经流",相当于今天的方浜东路和方浜中路,在黄浦与城墙之间的方浜上有一座石桥——学士桥,它是由明朝浦东陆家嘴的陆深捐资兴建的,陆深曾任职国子监祭酒,于是被叫作"学士桥",也被叫作"陆家石桥"。清代早期,上海城外是一片郊区,没有太多的建筑物,每当中秋,人们携伴出城,临江赏月,"桎尊环饼答秋光,处处氤氲朝斗香。结伴良宵出城去,陆家桥上月如霜"。于是以陆家石桥为背景,衬托出一泻千里的明月光被称之"石梁夜月"而被列为"沪城八景"之一。而进入近代以后,城外的这一段方浜成了华界和法租界的分界河,这里也成了"十六铺"嚣闹之地,"石梁夜月"的田园风光一去不复返矣。

方浜在流入县城后出现三条支流,一条是"侯家浜",大概于 1906

年填平筑成侯家路和福佑路,有人以为,方浜与侯家浜正巧形成一个长方形,于是被叫作"方浜",不过,古籍中找不到证据,权当作一说吧。而方浜在"西马桥"处又有一支向北流,明朝顾氏的"露香园"中湖池之水就来源于方浜;而再有一支向南流并入肇嘉浜(今复兴东路)叫作"中心河",而如今这里还保留有"红栏杆街"、"金家牌楼"诸地名。

上海邑是江南水乡城邑,县城里密布的水网也是市民生活用水的主要来源,也是舟行外出的通道,而如今,在上海旧城里找不到一条水道,即使城隍庙有一个"湖",还是依靠自来水作水源的"死湖",我们只能依靠保留下来的一些地名,遐想昔日水乡城市的风光了。

# 法华浜、法华镇与法华镇路

"香花桥"是一个常见而又普通的地名,一般讲,香花桥往往是与某寺庙相近的桥名。中国古代主要的宗教就是道教和佛教,信徒与寺庙,免不了的事就是进香,人们相信,人对神的景仰和祈祷,可以通过袅袅上升的香烟传达到神那里;"借花献佛"一词出典于佛教经典《过去现在因果经》中"今我女弱不能得前,请寄二花以献于佛"。这位女子因病体弱不能亲自上寺院为佛献花,只得托他人代献,可见,献花和进香在宗教上有同等的地位,同样的重要。佛教忌杀生,所以"放生"也是佛教提倡的善举。于是,在中国的许多寺庙附近就会形成一定规模的香烛、花鸟市场,而寺庙前的桥就会被叫作"香花桥",有的还因寺庙活动而形成镇市。上海地区历史上有过多少"香花桥",如今已经讲不清楚了,如今仍保存"香花桥"地名的还有多处,如青浦区中部就有一个叫"香花桥"的地名,现在还是香花桥镇政府所在地;浦东塘桥有一条叫"香花桥街"的小路,今沪西的法华镇路(定西路以东)的地方也叫"香花桥",以前,公交48路在这里设有"香花桥站",这里还有一条

小路叫"香花桥路",原来这里有座法华寺,寺的山门外就是一条叫"李
泆泾"的河流,而这座"香花桥"就是法华寺外跨李泆泾的桥。

李泆泾又作"李崇泾"。《嘉庆上海县志》中记:

> 李崇泾在娄浦西,今名法华港,西通新泾,南通陈泾、肇嘉浜,
> 以达于蒲汇塘。

《同治上海县志》:

> 李泆泾(旧作崇)泾。通江处在新泾东。周家桥三泾合流,经
> 法华镇,南至徐家汇,东、西通蒲(汇塘)、肇(嘉浜)两河。

而《民国法华方志》的释文更清楚:

> 李泆泾,俗称法华港。南出肇嘉浜,北达吴淞江,一支中贯,
> 蜿蜒曲折十余里者曰李泆泾,法华居其中,两水来潮,易盈易泄。

> 蒲汇塘、肇嘉浜与吴淞江两水潮汐会于李泆泾。法华寺东为东
> 镇,西为西镇,长三里,居民皆西李泆泾而居,故又号"泆溪"……居民
> 二面枕水,河身既狭,其流不畅,浑入清出,易积泥沙,不以时修,
> 即形于淤塞矣。法华镇在嘉、道间为阛邑之首市,何必如龙华十
> 八湾,湾湾见龙华,循故道而达周家桥出口哉!咸丰八年,最狭石

岸驳占不盈一丈,东镇以南,洋商驳占年盛一年,欲求三丈亦不可得。

李㳫泾原是一条南北流向的河流,它的南面在原来蒲汇塘和肇嘉浜相汇处,大概位置在今天的徐家汇,向北沿今华山路的西侧,交通大学的东北侧,经法华镇路

**李㳫泾上的石拱桥**

(法华镇路是李㳫泾的一段河床),向北穿过凯旋路、中山西路、天山新村,在周家桥处流入吴淞江。大约到了清乾隆以后,李㳫泾流经法华寺的那段的两岸形成了法华镇,它是沪西一个重要的镇市,开始,法华镇一段的李㳫泾被人们叫作"法华港"或"法华浜",后来,整条李㳫泾就被叫作"法华浜",而再后来,人们就只知道法华浜,而不知道法华浜就是李㳫泾了。

法华寺是上海已消失的古刹之一,应该化些笔墨作叙述。《民国法华乡志·卷七·寺观》中收录了明永乐四年(1406年)法华寺僧心泰撰《法华寺碑记》,说:

> 上海法华寺,在邑西一十八里。宋开宝间僧慧为开山第一代,元至大初云翁庆禅师大振之,为兹山中兴之祖,赵文敏公婿海

道千户费雄助之甚力,首建大雄宝殿,赵公书额,普应国师中峰和尚三过其寺。后以寺田多困徭役,僧皆散去。沙门善达叹曰:"田多则寺废,无产则寺兴,其兴兆于今日乎!"乃以寺田数十公顷悉与佃户,故寺无一坏(抔)之土,庭无一吏之迹;屋废者,复修,僧散者,复集,薹摧栋挠者,易之以坚木。万瓦鳞集,四檐翚飞,安藏之殿,转法之轮,售于人者赎之。先是以甲乙住兹山,洪武二十四年清理佛教,立为四方禅林,请一公象先董其事;洪武三十有二年,天台沙门智勇捧檄出住兹山,善达念无宇以延住持,造方丈以居之,无堂以集云游,建僧堂若干楹以栖之,达倦于事,乃属其孙如镖以代。镖赞住山如其祖,凡丛林所宜有者,悉备。达以俭约自持,专修净业。临终念佛,泊然而逝。洪武三十五年夏五月也。另西源,上海人,俗性金。十岁从僧叔能公出家兹寺,久之,首忏于上天竺,复回松,延庆为第二座云;镖,苏人也。今住山智勇,号无敌,昔掌竺坟于中天竺,为白云禅师说公之嗣;其住法华也,初获西源力赞,继获如镖股肱,故能建诸堂宇,轮焕一新……

《民国法华乡志》的正文中说:

法华禅寺。宋开宝三年僧慧建……明洪武六年、宣德十年两新之,立为四方禅林。清顺治五年重修,曹垂灿有记。七年,里人夏若时感佛光之异,捐家产,及僧文镛建阁,名曰"满月",又名"香楠楼",以香楠木所构也……(乾隆)十九年始奉梓潼帝于阁;三十六年,僧明简募修大雄宝殿(旧额为赵文敏书);五十五年,僧念先募修满月阁,建东讲堂。咸丰十年,粤匪下窜,假满月阁为火药局,七月初二日,内寇失慎,遂成焦土,大雄宝殿亦渐坍废。同治七年,僧广缘募修弥陀殿,悬"乡约所"额。

从历史的记载来看,法华寺初建于宋太祖开宝三年(970年),距今已超过千年,确实是一历史悠久的古刹。但是,宋元两朝的规模并不大,到了元朝时,因法华寺拥有数十公顷的"寺田",僧人变成了地主,整天忙于收租,寺院的正经活反而没人干了,法华寺出现了"腐败"的现象,而僧人又因利益分配不均而矛盾重重。明初一位叫善达的僧人接管了法华寺,他悟出了一个道理——"田多则寺废,无产则寺兴",干脆把寺产分给了佃农,再通过信徒的布施来维持寺院开支,法华寺在明清两朝十分兴旺,到了清康熙以后,法华寺就成为上海西郊香火很旺的寺院,以寺兴镇,在法华寺的两侧,沿法华浜两岸也成了人口密集的镇市——法华镇,在法华寺的东面是"东镇",西面是"西镇"。到了近代以后,上海出现了租界,法华镇离上海县城仅九公里,这里的城市化进程也较快,1860年(咸丰十年)太平军的东进军打到了上海,法华寺就成了太平军存放火药的仓库——"火药局",由于火烛不慎,火药爆炸,法华寺被炸毁了,从此,法华寺就一败到底。

　　我很敬佩我们上海史研究的前辈,20世纪30年代初以柳亚子先生为馆长的"上海通志馆"初建时,通志馆的学者就开始了对上海古迹的实地走访和调查,并写出调查报告,上海通志馆出版《上海研究资料

续集》中收有《法华访古记》,抄录部分如下:

> 一九三六年五月三十一日下午,说了很久到法华区那几个寺院和法华镇上去看看的计划算是实行了,午饭以后,我们先将书本上关于法华区内古迹的记载翻了一翻,然后乘车到徐家汇席涤尘先生约他同去……他换了衣服我们就沿着海格路(华山路)向法华镇进发……
>
> 当我们到达的时候,几乎不相信在过去享有盛名的法华寺,竟会坍败到如此情况,沿着法华镇路的山门,已经关闭起来了,普通都走右边的一条小径进去的,我们到了如今所谓法华寺的山门,看到门口挂着三块牌子,一块是"徐家汇警察所法华镇派出所",一块是"上海市市立西镇短期小学校",一块是"徐家汇警察所海格路派出所"。这样不问可知,如今的法华寺已暂作"公安"和"教育"的办公地了。进了门,当中摆着半只生锈的香炉,左右两边的房屋,已充作警士和他们的家眷的住所,大殿上堆满了桌子和椅子,显然是短期小学的课堂,正中的佛座还在着,油灯倒也点着,只是左边案头的一个木鱼,却积满了灰尘。再仰头向上看,知道在一九二八年(民国十七年)六月又由里人顾琴堂、顾宏潘、龚而生、高坤生出资刷新过一次,因为他们曾上过一块匾在中央悬着呢。

看来,到1936年时,这座法华寺确实已破败不堪,除留守的僧人自用一部分外,大部分被"派出所"和"学校"租用。

1948年上海市教育局编印《上海市中等教育概况》在《正始中学·简史》中讲：

> 民国二十年九月为杜月笙先生所创(笔者注：杜月笙自任校长和董事长,董事有：钱新之、潘公展、徐寄庼、吴开先、陶百川、陆京士、陈光甫等),赁校舍于善钟路(今常熟路)一四七号,明年迁至一〇八号。二十四年秋,购得法华镇乐华中学旧址,作高中部校舍,而初中部乃在善钟路,二十六年春复向法华寺租得空地三十余亩自建校舍,甫落成,中日作战,越年,以不愿与敌伪周旋,自动停办,校舍遂为保安司令部占用。胜利后一年,始将校舍收还,乃经董事会决议,于去年十一月复校,逐一整理,渐复旧观。

这段文字表述得很清楚,大概在此之前,法华寺已经将部分寺基地卖给了教育系统,并在这里办了"乐华中学",1935年乐华中学的地被杜月笙买下了,作为正始中学的高中部(前文引通志馆工作人员是1936年5月去法华寺实地踏勘的,但并没有提到此事,估计正始中学法华镇校区在筹建中);1937年,正始中学又租下了法华寺余下的三十余亩地兴建校舍,校舍刚建成,"八一三"淞沪战争爆发了,正始中学停办,一直到1946年收回后重办。

《概况》中注明正始中学的校址是"法华路五四三号",在"校舍与设备"一节中还讲：

> 现有校舍，系租地自建，占地约五十余亩，其中包括建筑物、运动场、校园等，另有膳厅一所、宿舍四所、运动场一区，面积约二十八亩，场上置有足球、篮球、排球等各项设备。

而《法华乡志》中称，清乾隆时登记，法华寺"寺基地五十亩九分六厘四毫"，以后虽稍有扩展，但面积不大，估计，1947年正始中学的校址所占土地，就是历史上全部的法华寺寺基。今香花桥路正对的法华镇路543号的上海交通大学法华校区就是原法华寺的原址。

法华浜的南端通肇嘉浜，北段通吴淞江，无所谓上游和下游，而吴淞江和肇嘉浜都是受潮汐影响有涨潮落潮的河流，当涨潮时，南北的潮水涌来，在法华镇处相汇，而落潮时，潮水又向两边慢慢退去，大量的泥沙就在法华镇一带沉积下来，这一段河床淤塞特别严重，于是每隔二三年就要浚通一次；而当法华浜形成镇市后，人口密度的增加也使生活垃圾增加，又加快了法华浜的淤塞。

在法华镇形成后，在法华浜的北岸就出现了一条沿浜而筑的道路——法华路。《民国法华乡志》中讲：

> 法华路。自东镇至西门衡春桥，长十二里，嘉庆间邑绅王寿康集资筑。光绪二十六年（1900年）法人开筑宝昌路（今淮海中路）后石路，遂废。宣统三年（1911年）地方自治成立，曹家桥迤东

归上海市,迤西归法华乡,各自管理。民国二年(1913年)乡公所议,将该石条移铺汇西路(今徐文路),今所剩者陈家巷迤东,马家宅前一段而已。

1958年,上海填法华浜筑路,原已筑的"法华路"并入这条新筑的"法华镇路"——法华镇已经消失了,而这条"法华镇路"就承载着叙述这段历史的任务。于是我想,相关机构是否可以在法华寺旧址立一简单的铭牌或石牌,介绍法华寺的历史,叙述这里曾发生的故事,市民一定会很欢迎的。

上海交通大学的前身叫南洋公学,建在李泓泾西岸,今李泓泾已被填,但校门口的桥墩还在

《民国法华乡志·卷二·水利·津梁》中记录了全部"跨李泓泾"的桥,由南向北依次有:东生桥、后木桥、马路桥、南洋公学桥、众安桥、东镇木桥七、香花桥、西镇木桥五、种德桥、铁路桥、永济桥、顾弄桥、周

家桥、马路桥。地方志研究者可以根据这些桥绘出李泓泾的大致走向。这些桥均已消失了,但部分桥名变成了地名,如今交通大学的前身是1896年盛宣怀创办的"南洋公学",南洋公学初创时的校址在李泓泾西侧,于是就在校门口建了一座桥,就是"南洋公学桥",稍上年纪的上海人应该记得,原上海交通大学的正大门口有一座桥,这就是跨李泓泾的"南洋公学桥"。

《法华乡志》中讲:"香花桥。在法华寺前。"今天的"香花桥路"就是以通香花桥的路而得名,通过香花桥路就可以找到法华寺的原址。

现在的定西路与凯旋路中间有一条叫作"种德桥路"的小路,它的南端到法华镇路,它就是李泓泾上的"种德桥"留下的遗迹。《法华乡志》在"种德桥"下记:

> 种德桥。在韦天庙前,俗呼"庙桥"。明嘉靖十七年易石,有碑。民国八年乡公所修。碑在法华寺前弥陀殿。文曰:"法华要冲地也,东去县治十又八里,南达府城,西出塘行镇(疑为"唐行",即今青浦区城厢镇)。使驿之所奔辏,商旅之所贸迁,陆驰川载,衔尾接踵,其所患者桥梁之未果耳。夫以木建此桥,辄理辄废,需材有出,济者弗给。举叹曰:盍易以石乎,易石其弗坏。今岁秋,瞿日山等,一日就访翁,因以建桥告。翁欣然曰:吾志也。乃经营。其费之所出与材之所具,以身任之,仗义者如缨络,居镇者咸乐佐焉。十日而累址立,又十日而讫工,书其颠曰'种德',盖取诸士之便往来者。余曰'利民桥'、曰'里仁桥'、曰'迎龙桥'。不数

日而次第告成。后半记字迹剥落,莫可辨认,未叙。赐进士出身江西提学副使唐锦撰文。嘉靖戊戌年十二月。"

种德桥在原韦天庙的门口,韦天庙的旧址在今法华镇路803—815号,因在原法华镇的西街,故又称"西庙",今已无任何遗迹,而"种德桥"就是为方便众人而建的桥。

在今法华镇路北,有一条与法华镇路平行的小路——牛桥浜路,它是填原牛桥浜而筑的马路。

在法华镇路南面有一条与法华镇路平行的新华路,它是公共租界工部局于1925年筑的"越界筑路",初名 Avenue Amherest,对应的中文路名为"安和寺路",很容易使人误会是以路附近有一叫"安和寺"的寺院而得名的,实际上 Amherest 的全名为 Lord William Pitt Amherest,旧时多译作"阿美士德",他是清嘉庆时英国驻华公使,此内容拙著《街道背后——海上地名寻踪》中已有介绍。

# 消失的"淡井庙"

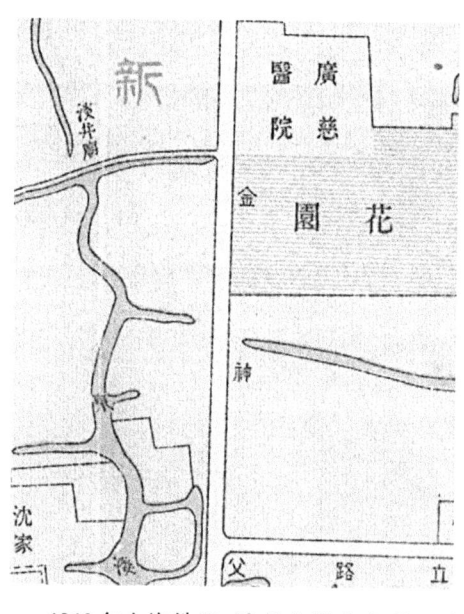

1918年上海地图,淡井庙就在广慈医院西面

沪西永嘉路、瑞金二路相交处一带俗名"淡井庙",也许这里不是交通要冲,不是繁华的商业区,又也许此附近的瑞金医院,瑞金宾馆的知名度太高了,于是,作为地名,"淡井庙"在全市的知名度不如提篮桥、曹家渡那么的高,但对长期居住在当地的居民来讲,淡井庙的知名度还是很高的。

我童年起居住在虹口,离淡井庙较远,我听到淡井庙这一地名应该是1968年,当时我班上有一姓曾的女同学,她的父亲是台湾人,母亲是日本人,根据政策,她由"侨联"安排到一家"华侨胶木厂",这个厂就在永嘉路12号的淡井庙旧址内,我还应邀到她的工厂里做客。读大学时,我班上一位姓吴的同学就住在淡井庙,与他家相邻的是一位道士,他就是原淡井庙的道士,于是我又多次去过淡井庙,记得是一幢二层的仿古砖木结构建筑,有一个稍大的天井,围墙上开有圆洞门,而在同学家的北窗,直接能看到瑞金宾馆的花园和建筑,不过,围墙上架有几层的铁丝网,视觉上有点不舒服。

淡井庙,图为1996年作者所拍

后来我从事上海历史研究,才发现"淡井庙"是上海最古老的庙之一,而"淡井"一词也很有文化和历史上的分量。众所周知,上海濒海,受潮汐的影响,江河之水和井水都带有浅浅的苦涩味,我老家也濒海,井水也带有咸味,于是乡人把清冽味甘的水叫作"淡",乡人夸对方村宅适宜居住就讲:"你们村里的井水很淡",上海所谓的"淡井"一定是

153

指这里的井水清冽味甘,至于这里是有一口井水淡,还是有许多口井,或全部水井的水都淡,这是永远也争论不清的"历史遗留问题",不必由今人为之"落实政策"。

在元朝至元二十九年(1292年)上海建县前,今淡井庙地区属于华亭县高昌乡,而上海建县后,这里属于上海县高昌乡。修于南宋的《绍熙云间志·卷上·乡里》中记:

> 高昌乡。在县(指华亭县治,即今松江城厢镇)东北一百二十里。九保、十五村;管里四:高昌、盘龙、横塘、三林。

但是《云间志》并没有提到"保"和"村"的名字,在二百年后的明《弘治上海县志·卷三·乡保》有与《云间志》相似的记录,说:

> 高昌乡,县(指上海县城,即今南市老城)南七十二里。九保、十五村,管里四:二十二保(三区)、二十三保(一区)、二十四保(三区)、二十五保、二十六保(一区)二十七保(一区)二十八保(一区)、二十九保(一区)、三十保(一区);高昌里、盘龙里、横塘里、三林里;承福村、欢乐村、顺义村、连荣村、严清村、利仁村、永泉村、成德村、楳(梅)香村、上德村、通济村、望仙村、人宠村、淡井村、龙华村。

《云间志》载高昌乡共有十五个村,而《弘治上海县志》也讲高昌乡有十五个村,并讲其中有"淡井村",显然,"淡井村"在南宋已经出现了。不过,《弘治上海县志》中并没有记录"淡井庙",也许,当时并没有淡井庙,又也许淡井庙只是一小庙、破庙而未被方志收入。

淡井庙首见于清《嘉庆上海县志·卷七·坛庙》的记录:

> 淡井庙,庙有井,味淡。至元《嘉禾志》东塘邮置有淡井铺,亦以此名。在西门外,宋时建为华亭城隍行殿。元时权奉县城隍于此。

宋代上海仅是一个华亭县下属的近海小镇,而淡井村只是一个自然村落,宋代华亭县城隍庙是否在他处建有分支机构——行殿,即使有行殿,它是否就设在淡井村的淡井庙,都是通过传说传下来的,有多少真实性和可靠性,是永远讲不清了。元代上海建县之后的一段时期里,上海没有自己的城隍和城隍庙。据记载,中国有城隍神和庙的历史可以追溯到三国时的东吴,据说,汉末秣陵(今南京)尉蒋子文逐贼至钟山脚下,不料贼未被擒而他反被贼杀害了,此后蒋子文冤气不解,鬼魂不散,经常在当地为鬼作祟。一次他托梦孙权,孙权即追封蒋子文为"中都侯",并为之建"蒋庙",改钟山为"蒋山",以后又历代加封,梁武帝时加封"石头城主",就是主管一方的阴曹地府长官,也被后人认为是中国最早的城隍。

但是一直到明朝以前,城隍庙是一种"私祠",有的地方有城隍庙,有的地方没有城隍庙,朱元璋登基做了大明开国皇帝后,曾多次梦见曾追随他南征北战,为推翻元政权,建立大明王朝的将士抱怨,他们战死沙场,死无葬身之地,到了阴曹地府也成了没有归宿的孤魂野鬼,希望朱元璋给以抚恤,于是明洪武元年(1368年)封京师城隍为帝,以下的省、府、县城隍相应为公、侯、伯;三年后,又去掉爵号,按照阳世的行政级别称某府、某县城隍,并下令,全国县以上的城市必须建立城隍庙,这样,那些曾追随他的阵亡将士就得到了抚恤,在阴曹地府得到一个官职。上海城隍就是明洪武二年(1369年)朱元璋封的,他就是上海人秦裕伯。

秦裕伯,字景容,又字惟饶,号葵斋。他的七世祖是世居江苏高邮的秦观(少游),南宋末年,他的祖父秦知柔"奉先世图像、诰命、谱牒,与弟知立、知彰渡江。居知立赵屯村(今青浦区赵屯)、知彰九团(今浦东新区川沙),而自居沪渎。"这样,秦家三兄弟分居三处,而上海的秦氏就成了望族。明嘉靖十三年(1534年)上海秦氏续修了《淮海秦氏宗谱》,后来的关于上海秦氏的历史和事迹大多来自这本秦氏自己修的谱,在没有其他史料的前提下,这册《淮海秦氏宋谱》就成了研究上海秦氏的主要资料。清末上海史专家秦荣光就是秦氏后人,他的《上海县竹枝词》中讲:

> 傔使长子懿斋公,讳良显,监鹤砂盐税,因家焉。今闸港里秦外秦支是也,葬祔父墓,陈行支由闸港分出。傔使次子述斋公,讳良颢。元贞初,游大名,从师萧氏为蒙古学。著三书,曰《纂通》,曰《一贯》,曰《吹万集》。南北人为蒙古学,无出公右者。大德间,寇学士荐于朝,进万言策,除国子监学录,浙西擢醒使。葬长寿

里,主穴在题桥市南里许。

秦知柔得到贵人相助,做了两浙盐运使司下的一个官吏,他有两个儿子,长子秦良显承袭了盐官的职务,因盐场在浦东近海处,他就迁居到浦东了,次子秦良颢则游学北方,成了一位"蒙古学"的专家,而秦裕伯就是秦良颢的儿子,他跟随父亲游学,也成了一位"少数民族"问题的专家,在元末任"福建延平路总管"。

秦氏后裔秦锡田辑《秦景容先生事迹考·家世篇第一》中讲:秦知柔辞官后回到上海。

> 卒,葬上海县二十七保淡井庙北。费氏之婿赵文敏公孟頫来,会葬,题碣曰"元处士节孝先生秦公之墓"。

秦荣光《上海县竹枝词》中也有相似的记载:

> 我秦淮海公讳观,字太虚,一字少游,以高邮进士起家。五传至节斋公讳知柔,丁宋末乱,奉先世图谱诰敕,携少弟知立、知彰渡江。居知立赵屯村,知彰九团,而自居沪渎。元贞初,以费松荐,擢江浙中书行省傔使,兼廉访使。葬淡井里老城隍庙后。赵文敏题碣。

也许由于《淮海秦氏宗谱》的原因,秦裕伯是朱元璋封的"上海城隍正神",而他的祖父秦知柔葬在"淡井庙北",于是后人讹传淡井庙是华亭城隍行殿。

秦锡田(1861—1940年)字君谷,光绪举人,是一位学者,著有《松江水利说》、《补〈晋书〉王侯表》、《补〈晋书〉异姓封爵表》,与姚文枬合著《江南水利志》,主持《光绪上海县续志》、《民国上海县志》、《民国南汇县志》编纂,他对上海民间流传许多关于秦氏的故事,而方志中又记录很少的现象提出了挑战性的独到见解,说:

> 《淮海宗谱》作于嘉靖十三年,去公(指秦裕伯)之殁才百年月,遗闻轶事岂无存者?!《谱》但有赞美之虚文,绝无事实之记述,此不可解者六……

所以,关于"淡井庙"以及它的故事,还有许多疑点值得研究。

《光绪上海县续志》中讲:

> 淡井庙。咸丰年毁。里人重建。光绪二十年僧正生移建古淡井之北,在旧庙址东数十步。

如此看来,原来的淡井庙建筑在清咸丰年间(1851—1861年)就毁了,一直到光绪二十年(1894年)才由一个叫作正生的和尚在旧庙址的东侧重建,据《松江府续志·卷十·建置·坛庙》中讲:淡井庙"奉佛,不复奉城隍神"。1910年出版《图画日报·上海之建筑》中绘淡井庙,为

《图画日报》绘"淡井庙"

一层砖木结构,建筑形式与民居相近,一点没有寺庙的特征,与我见过的淡井庙完全不像。张化著《上海宗教通览》以列表形式提到淡井庙,庙祝是纪信,供城隍,张化是我的朋友,长期在上海宗教局任职,至于后来的淡井庙建于何时,又是何时开始供城隍,就是一笔糊涂账了。

淡井庙在20世纪末被拆,然后在庙基上建成高级住宅,宅建庙上,不知有何讲法。淡井村、淡井铺、淡井庙是上海保留至今不多的古地名,当历史给予上海众多机遇时,上海是否也应该为历史做点什么。

# 肇嘉浜与浜上的桥

沪西,从打浦桥直通徐家汇的大道是肇嘉浜路。上海人知道,上海路名中含"浜"的马路大多是填河浜筑的路,毫无疑问,肇嘉浜路一定是填肇嘉浜筑的路,那么,这条肇嘉浜是一条怎么样的河,又有哪些有趣的故事呢?

清《同治上海县志·卷三·水道上》:

> 肇嘉浜,此县治正中大干河。东引浦水,从郎家桥下入朝宗门水关,经篑笠桥、鱼行桥、县桥、虹桥、登云桥,出仪凤门水关,西过万胜桥,经罗家湾、陈泾庙,西南出刘泾桥,入蒲汇塘。计浜长十八里。

今大东门外还有一条"外郎家桥路"。以前,其西侧还有一条"里郎家桥路",就是以那座跨"肇嘉浜"的"郎家桥"得名的,"朝宗门"就是大东门,门边上另有水门,肇嘉浜引黄浦水向西,就是从大东门的水门进入城里,也是流经上海县城最大的河流。肇嘉浜早就被填平筑成马路,那些桥也消失了。《同治上海县志》中附有"上海县城图",可以推断出那些桥的大概位置,本文不一一解释。肇嘉浜河道大致上等同于今天的复兴东路、方斜路、徐家汇路、肇嘉浜路、漕溪北路(北段)、蒲汇塘路,并与蒲汇塘相接,是上海县城通往七宝、松江的主要水道,其重要性可想而知。

明《弘治上海县志·卷二·山川志·水类》中记:"肇家浜,在二十五保","保"是"乡"以下的行政编制,原上海县城及周边的区域旧属"二十五保",显然,这个"肇家浜"就是后来的"肇嘉浜"。"肇家浜"很容易被人理解为以肇氏家族在这里居住而得名。其实"肇"有开始、创始之义,"肇嘉"可以理解为"带来好事"。

1860年,南京的太平天国为了减轻、摆脱清兵对南京围困的压力,派忠王李秀成率军突围东进,骁勇善战的李秀成率领的太平军一路凯歌,连克镇江、常州、无锡、苏州、昆山、杭州、宁波等城邑,大致控制了苏南浙北的大部分地区,上海周边也处于战争状态,租界当局也愿意协同清政府镇压太平军。江南是水乡,行军不便,于是上海道准许租界当局在租界之外筑路,"以利军行",这些路后来称之"越界筑路",当时筑的越界筑路有许多条,其中一条是由英租界筑的从静安寺通往徐家汇的马路,被称"英徐家汇路",1921年改称"海格路"(Haig, Avenue),就是今天的华山路;另一条由法租界筑的由斜桥为起点,沿肇嘉浜北岸到徐家汇的路,称"法徐家汇路",当原"英徐家汇路"改称海格路后,"法徐家汇路"就直接称"徐家汇路"了。1914年法租界再一次扩张成功,这两条"徐家汇路"以内的区域全部被划进法租界新界,当然,这条肇嘉浜也成了法租界的界河。清《乾隆上海县志》中已提到:"肇嘉浜,因年久,龙华闸毁,日赤港(即日晖港)坝亦毁,浜之首、尾、中三段俱受浊流冲激,一日两潮,泥沙淀积,几成平陆",上海东濒海,黄浦江等河流与海相通,受海洋潮汐的影响,河流每天二次涨潮落潮,这种河称之"潮汐河"。涨潮时水速较快,而落潮时水速平缓,肇嘉浜的一头直接与黄浦江相通,另一头则通过日晖港、龙华港等河流与黄浦相通,当涨潮时,黄浦江潮水从多处涌入肇嘉浜,所以,不论涨潮退潮,肇嘉浜只见水位上升下降,而难见潮水流动,从黄浦江冲进来的潮水夹带的泥沙容易沉淀,使河床淤塞,古人主要通过在日晖港、龙华港筑闸和坝的方法,使肇嘉浜水流保持通畅,减缓淤积的速度,在乾隆时(1736—1795年),这些闸或坝就毁了,肇嘉浜的淤塞相当严重,进入近代后,许多上海周边的居民或农民摇着小船到上海谋业,他们干脆

历史上的肇嘉浜曾是流经上海县城最大的河流,近代以后淤塞严重

把小船泊在肇嘉浜上,以船为家,生活垃圾随便抛入浜中,肇嘉浜淤塞更加严重,并成了一条"臭水浜"。20世纪初,先后填平打浦桥以东的肇嘉浜筑路,老西门以东的那段曾叫"肇嘉浜路",相当于今复兴东路,老西门至斜桥段以方浜和斜桥之首字取名"方斜路",斜桥至打浦桥段仍称"徐家汇路",1954—1956年,上海市人民政府填打浦桥至徐家汇的肇嘉浜,连同浜北的徐家汇路和浜南的斜徐路并成林荫大道,命名为肇嘉浜路,本来,徐家汇路是可以通徐家汇的,而从此以后,徐家汇路就不通徐家汇了。

进入近代以后,肇嘉浜上又筑了许多桥,虽然这些桥随着肇嘉浜被填而湮没了,但有些桥作为地名或路名沿用至今,有的还是上海著名地名,择要介绍如下:

"关桥"指今白渡路、外马路交汇处附近一带。清康熙二十二年(1683年)颁"弛海禁"令,结束了中国三百年的近海禁运政策,为了加强近海航运管理和贸易征税,清廷在广东、福建、浙江、江苏分别设立粤、闽、浙、江海关,史称"四大海关",这也是中国有海关之始。江苏海关简称"江海关",设在上海"县治东北五里面浦",就是在上海县衙门东北五里,临黄浦江的地方,就是今天的"新开河外滩"。1843年上海开埠后,为加强外轮管理和征税,就在今外滩13号设立主管外贸的新关,以其在原关的北面,就称之"江海北关",于是旧关就称"江海南关"、"江海大关"、"江海常关"等名。1853年小刀会起义期间,江海南关里存有尚未解运的关银二百万两而遭义军抢劫,海关建筑也被毁了,战后又在原址重建;1860年太平军东进时,这个关又被毁了,战争结束后,由于南关附近一带已被划进法租界,就只能租用设在老白渡的同仁辅元堂下的"救生局"(负责黄浦江救难,打捞的慈善机构)房屋办公。早期的黄浦江沿岸多滩涂,商家搭建栈桥浮船当作码头,商家争夺码头、侵占水域的现象十分严重,根据上海道的提议,1895年,上海组织"上海南市马路工程局",沿十六铺到董家渡的黄浦江岸筑一条马路,它既是这里主要的南北通道,也是这里的黄浦江岸线,这条路后来叫做外马路,英文名Chinese Bund,即"中国外滩"。并利用原涨滩的土地,在肇嘉浜北的黄浦江边建造南关建筑,外马路要在南关处越过肇嘉浜,这座桥就被叫做"南关桥"。后来,又在其西建"里关桥",这两座桥靠得很近,一般均省称之"关桥"。上海的码头一般是有分工的,水运进入上海的水果大多在关桥附近的码头上岸,一直到20世纪末,关桥码头一带还是上海有规模的水果批发、零售市场,逢年过节单位就会到那里批发水果,作为职工福利,市民也会多人醵资,到关桥整箱地买水果,使关桥的知名度维持很久。如今,黄浦江沿岸已经建为滨江绿地、休闲娱乐区,据说,"关桥"作为历史地名仍将被保留。

肇嘉浜向东流到"斜桥"处分作两条,一条改向东北流,在老西门处的水门流入城里,为肇嘉浜的下游水道,约1915年填平筑路,取方浜与斜桥的首字取名"方斜路";另一条继续向东,在今南浦大桥处注入黄浦,叫做"陆家浜",就是今天的"陆家浜路"。严格地讲,斜桥是陆家浜西段的第一座桥,就建在陆家浜的顶端,以斜桥为界,桥西是肇嘉浜,桥东河流分作两条,即陆家浜和肇嘉浜。大多数的桥都是南北向或东西向的,应该讲,这座所谓的"斜桥"基本上是呈南北向的,但是,桥的东、西分作陆家浜和肇嘉浜两条河流,桥东的肇嘉浜是西南—东北流向的,站在东面看这座桥,至少从视觉上讲,这座桥是斜着建在河上的,于是被叫做"斜桥"。

坊间有这样的传说,以前,上海县城的南门外大多是坟山,上海地区的殡仪习俗,出殡后,殡仪的队伍不能从原路返回,所以上海出殡,一般从南门出城抵达坟山,然后过斜桥后从西门返城。古人认为墓地有"煞气",于居家不利,直到今天,许多迷信的上海人从殡仪馆返家时,会在马路上兜上一个大圈子,或到人流量大的百货公司、超市中逗留片刻。即使随殡仪队伍返回丧家的,人们早已在丧家的门口或弄堂口点燃花圈,人们会自觉地,依次跨过燃烧的花圈,人们深信,烈火能驱逐"煞气",消弭灾难。这座"斜桥"是上海出殡队伍返回城里的必经之桥,人们祈求,从坟山里引出的"煞气"过了此桥后就一直朝西郊散去,永远不要随人们进入城里。姚廷遴是明末清初上海人,他的《历年记》是日记体裁著作,多次提到上海"斜桥",其中明崇祯十三年(1640年)中记:"余此时虽少,亦大哭,悲痛之甚,家人陈胜、张胜搀扶退缩,直送至斜桥祖山。大伯祀土葬毕而归。"在康熙二十九年(1690年)中记:"二十八日清明,出邑,先至寿山,值缉臣侄亦在,同至斜桥、唐湾(应即今'唐家湾',与斜桥相近)诸山,化纸毕而进城"。如此看来,"斜桥"至迟在明朝已有桥,并作为坟山的代称。

斜桥在1926年填浜筑路时拆了,这里是沪西南的交通枢纽,有方斜路、西藏南路、徐家汇路、制造局路、陆家浜路等多条马路在此交汇,途经此地的多辆公共汽车、电车在这里设"斜桥站",使"斜桥"的地名一直沿用至今,并成为上海市区的著名地名。

在古代,出上海县城,过了斜桥向西,离市区便渐行渐远了,肇嘉浜上的桥也稀疏了。进入近代以后,由于江南制造局建在上海县城西南的黄浦江边,这里也成了人口密集的区域,从县城往返于厂区的人越来越多,据清《光绪上海县续志》中记,光绪年间(1875—1908年)人们在斜桥以西的肇嘉浜上建的桥有:吴家石桥、新木桥、潘家木桥、陈泾东庙桥、西庙桥。这些桥早已在填肇嘉浜筑马路时拆除了,这些古老的地名也消失了,实际上吴家石桥是直通江南制造局大门的桥,桥与局大门之间的马路就叫"局门路",后来这座桥被叫做"局门路桥"。"新木桥"即新建的木桥,其北堍的马路就是"新桥路",就是今天的蒙自路。潘家木桥又称"潘家桥",以桥南是自然村宅——潘家宅而得名,桥在今打浦桥与大木桥路之间,相当于今肇嘉浜路雅安路口。

1914年法租界扩张成功,从斜桥到徐家汇的肇嘉浜以南全部被划进法租界,也就是讲,这一段的肇嘉浜就成了法租界与中国地界的界河(今华山路是1914年后法租界与中国地界的西界线)。租界的市政建设和经济发展较快,也带动了中国地界的市政发展。于是1920年起,沪南工巡局沿肇嘉浜的南岸筑从斜桥通徐家汇的"斜徐路",在后来的城市建设和改造中,斜徐路分别并入肇嘉浜路和徐家汇路,还沿肇嘉浜增建了桥梁和道路,其中有打浦桥和打浦(桥)路、大木桥与大木桥路、小木桥与小木桥路等。

打浦路初名"带浦路",以该路是从肇嘉浜通往黄浦江边而得名的,在沪方言中"打"与"带"读音相近而讹作"打浦路"。打浦桥址在今打浦路北面顶端,当桥被拆除后,作为地名的"打浦桥"的实际所指发生转移,多指今瑞金二路与肇嘉浜路相交处的地方。而大木桥初名"大马桥",该桥较大,马车可以从桥上通过,是人们到龙华进香的必经之路,同样,沪音"木"与"马"发声相近而讹作"大木桥"。如今,肇嘉浜早已筑成马路,但人们可以从这些带"桥"字的路名知道肇嘉浜的存在。

前面提到,跨肇嘉浜的还有"陈泾东庙桥、西庙桥"。陈泾是肇嘉浜的支流,《同治上海县志》中记:"陈泾在陈泾庙潘恭定公墓左,从肇嘉浜分流,北达漕家桥,其芦浦东,折一支名沈家浜。"这些地名早已湮没了,我们也不必花太

1947年上海地图,陈泾庙还在

多的功夫去考证。潘恭定即上海豫园主人潘允端的父亲潘恩,潘氏的祖茔就在今肇嘉浜路东安路一带;陈泾庙在解放初还在,在今高安路与肇嘉浜路相交处的东北角,庙里还办了陈泾第一小学,高安路就是填陈泾筑的马路。在陈泾庙东面跨肇嘉浜的庙就是"东庙桥",桥南面的路叫"东庙桥路",就是今天的东安路;陈泾庙西面跨肇嘉浜的桥叫"西庙桥",桥南的路就是"西庙桥路",1918年,有一位叫程谨记的商人出资重建,于是又改称"谨记路",1965年以该路北通宛平路,于是又重新命名

为"宛平南路"。这两座桥早已消失了,但是,当地的老人仍把肇嘉浜路东安路口叫做"东庙桥",宛平路口叫做"西庙桥"。

宛平南路的西面有一条"天钥桥路",经常有人来问,这"天钥桥"是否有桥,它在哪里,这"天钥",又是什么意思。天钥桥有桥,就是天钥桥路跨肇嘉浜的桥,众所周知,今徐家汇的南面有徐家汇天主堂,在历史上,天主堂附近一带的土地多为天主教产业,但天主堂与法租界被肇嘉浜分割,住在租界里的人到天主堂必须绕西庙桥而行,十分不便,于是由教会出资在近徐家汇的肇嘉浜上建了一木桥,教会称该桥是 Key to paradise,就是开启,通向天国之桥,取汉名为"天钥桥",桥南的路就叫做"天钥桥路"。如今的天钥桥路早已脱离了昔日的宁静,是徐家汇商业的繁华地带。

# 泥城浜和泥城桥

"泥城桥"是上海知名度较高的区片地名,现在出版的上海市区地图中,把泥城桥标在西藏中路与北京东路交叉口处,不过,这里并没有桥。《上海地名志》是这样释文的:

> **泥城桥** 位于黄浦区西北部,泛指西藏中路(西藏路桥南堍至凤阳路)两侧一带。清咸丰三年(1853年)开凿泥城浜,浜上架有北泥城桥、中泥城桥、泥城桥、南泥城桥。民国元年(1912年)填泥城浜,扩拓西藏路(今西藏中路),北泥城桥最后毁,形成区片名。是黄浦区内商业兴盛和交通繁忙的地段之一。

问题在于,这"泥城浜"的名称是怎么来的,又有什么有趣的故事。

我阅读到的上海旧的地方志中均未见到"泥城浜"的记录,倒是《光绪上海县续志》在记录"桥梁"中提到:

跨泥城河者,南泥城桥、中泥城桥、北泥城桥。上并英工部局建。

清末的南京路泥城桥,图中隐约可见的就是泥城桥

泥城浜上有三座分别称之南、中、北泥城桥的桥,并不如《上海地名志》讲的有四座"泥城桥",显然,《上海地名志》中多了一"泥城桥"。我手头有一份英文上海地图,是从一本19世纪英国出版的画册上撕下来的,是1853年上海小刀会战争时英租界的布防图,主要的地名均有标注,今西藏中路确实是一条小河,但并没标"泥城河",而是"small creek",也就是"小河"。

1845年,英租界率先在上海建立,一直到1899年公共租界大规模扩张之前,这条small creek就是英租界的西界河。1853年9月7日,农历是八月初五,这一天是全国祭祀孔子——丁祭的日子,上海的小刀会就利用上海官吏忙于丁祭的机会发动起义,义军当天活捉了上海道吴健彰,杀死了上海知县袁祖德、占领了上海县城,于是,清军将领吉尔杭阿率兵万余人星夜赶往上海,希望借道租界进攻上海县城,但是,租界当局采取"武装中立"政策,拒绝清军穿越租界,于是,吉尔杭阿的军队只能暂驻扎small creek的西面,大致即今人民广场、新闸路一带。租界当局为防止清军强行闯入租界,就把这条small creek拓宽挖深,再利用挖出来的泥土堆高后成为战壕,于是这条 small creek 就被英国人写作"The Defence Brook",就是"护城河"的意思,此只是当时记者们为报道事件而起的名,并非正式名称。赶来的清军无法借道租界进攻小刀会,也只能暂时扎营于 small creek 的西侧。清兵早已听说上海是个"夷场",光怪陆离,灯红酒绿,还有许多与自己长得不一样的"洋人",一些无所事事,百般无聊又无纪律的清兵就结伴来到 small creek 边,隔岸观火,看租界里的"西洋镜",还向租界里的"洋人"喊话、扔石块,尽管租界当局多次发出警告,仍无法阻止清兵的行为。据记载,1854 年 5 月 3 日,几名清兵看到租界里一对男女洋人手牵手,洋妇人还牵着一条狗,感到滑稽可笑,竟闯入租界调情,并打伤洋妇人,此事立即引起租界当局的愤怒,第二天,他们调集海军陆战队和租界商团三百八十余人,并把兵舰的大炮架到 small creek 边,主动向清军发起进攻,原泊在黄浦上的兵舰也闯入吴淞江(苏州河),炮击清军的战船,而得到情报的小刀会也冲出西门打击清军,清军被打败了。据兰宁(G. Lanning)的《上海史》(History of Shanghai)中讲:当时《北华捷报》的记者到战地采访一个从战壕里刚爬出来的商团士兵,这位士兵指着自己一腿的泥浆,兴奋地对记者讲:"这可真的是一场泥腿之战"(The Batlle of Muddy Feet),但是在稿子发排时,排字工怎么也不理解"The Batlle of Muddy Feet"是什么意思,一时又找不到记者,就自作聪明改为 The Batlle of Muddy Flat Brook,又被中文译作"泥城之战",于是,原来的那条 small creek 就被叫做"Muddy Flat Brook",对应的中文名就是"泥城河"或"泥城浜"。

在上海开埠之初，喜好养马、跑马的侨民就在上海组织了一个"跑马总会"，并集资购进相当于今南京东路北侧，河南中路两侧的土地81亩建立跑马场，跑马只使用场地周边一圈的马道，中间的空地就作为花园和球场，外国人在这里玩一种以手抛棒击的板球，于是又被上海人叫做"花园"或"抛球场"，南京东路旧称"派克弄"(Park Lane)，南京路河南路口习称"抛球场"，就是以这个跑马场得名的。租界的建设很快，地价的涨幅很大，靠近外滩的地方涨得更快更高，不久，跑马总会就把这块土地出卖，在租界的西面重新购进一块约171亩的土地重建跑马场，现在，这里的北海路、湖北路、芝罘路、西藏中路所围的一圈大致上呈一个椭圆形，那就是当年第二个跑马场马道留下的痕迹。

到1854年底，小刀会的败相已日益显著，在清廷同意了若干条件后，租界当局暂时放弃了"中立"的原则，不仅同意借道租界，还主动出兵，协助清军镇压小刀会，1855年初，在清军和租界当局的联合镇压下，小刀会失败了。跑马总会又趁机提出，在泥城浜以西的租界外再重新购买一块土地，把跑马场迁到那里重建，这个跑马场一直维持到上海解放前夕，1956年被改造成人民公园和人民广场，看上海市区地图，人民公园和人民广场相围的南京西路、黄陂北路、武胜路、西藏中路大致上也是一个圆弧状，这也是跑马场留下的痕迹。

跑马场在租界外西侧，泥城浜把租界与跑马场分隔，必须要在泥城浜上筑桥，最早筑的直通跑马场的桥有两座，一座在南京路西藏路口，连接南京路和静安寺路(今南京西路)，就叫"中泥城桥"，一座在今北海路西藏路口，与对岸的"跑马厅路"(Race Course Road，即今武胜

西藏路桥南的英商煤气厂，厂前的河即泥城浜

路)相接,叫"南泥城桥";后来又筑了多座桥,其中一座在北京路西藏路口,也即"北泥城桥"。1912年开始填浜筑路,由于泥城浜的北端,即今北京东路至厦门路之间是英商煤气公司的煤气厂,也是当时上海唯一的煤气厂(杨树浦煤气厂是1934年正式投产的),大量的煤须经苏州河进泥城浜卸货,在煤气公司与工部局谈判未达成协议之前,北段的泥城浜就填不了,所以,填泥城浜筑路工程从南段开始,而北段的工程在十年后的1922年才告结束,当泥城浜被填,几座同名的泥城桥被拆,唯独北京路上的泥城桥保留到最后,于是,人们才会把北京路西藏路一带叫做"泥城桥",以前,途经此地的公交车的车站也叫做"泥城桥站"。

填泥城浜筑西藏路后,西藏路成了上海南北主干道,也是上海主要的商业和文化娱乐区。租界是列强在中国领土上建立的独立于中国行政体系和法律制度之外的殖民地,但是,随

泥城浜填平后筑成西藏路，图左即跑马厅

着华人政治意识的提高,经济实力的提升,参政意识的加强,华人在租界的地位不断上升,1920年4月7日,公共租界纳税华人会通过工部局设立华人顾问委员会的提案,同年10月14日,公共租界纳税华人会召开成立大会,1921年5月11日,工部局华人顾问委员会第一届委员宋汉章、谢永森、穆湘玥、余日章、陈光甫正式就职。虞洽卿(1867—1945),浙江镇海龙山镇(今属慈溪市)人,名和德,早期来上海谋业,任瑞康颜料行跑街,后任多家洋行买办,成为上海商界领袖人物。在1898年上海发生的"四明公所事件"时,由于原公所领导成员在思想上有严重的宗法主义倾向,体制上实行"家长制",使本来有利于上海宁波人的"事件"走到了反面,后由虞洽卿出面与法租界交涉,挽回了许多权益,1905年,他发起成立上海宁波同乡会,他也是上海宁波人的领袖和楷模。上海万国商团是租界的准军事化武装组织,但并无中国人加入,1906年,在他的努力下,万国商团增设"中华队",之后,他又积极敦促工部局,要求在工部局增加华人董事,另行成立工部局纳税华人会,使华人在工部局有了发言权,并为上海租界的经济发展和社会治安作出杰出的贡献。1936年7月5日是虞洽卿七十华诞(中国人生日做虚岁),上海市商会和上海宁波同乡会分别为虞洽卿举办"虞洽卿七十华诞暨来沪五十五年"庆祝会,公共租界工部局也积极响应,决定将租界内的某一条马路重新命名为"虞洽卿路",这使上海的宁波人感到高兴,但至于将哪一条路更名为"虞洽卿路"则迟迟未决。当时,上海宁波同乡会提议,宁波同乡会就是在虞洽卿的领导和组织下成立的,宁波同乡会的大楼也是得到虞洽卿的资助和关照建成的,而宁波同乡

1936年10月1日,西藏路以上海闻人名重新命名改为虞洽卿路,1943年恢复西藏路名

会大楼就在西藏路(址为西藏中路480号,20世纪末曾为上海申花足球俱乐部总部所在地,今已拆除),希望工部局同意把西藏路重新命名为"虞洽卿路",想不到工部局竟同意了这一请求。1936年10月1日,上海举行了隆重的"虞洽卿路命名纪念"。上海曾有善钟路(常熟路)、朱葆三路(溪口路)等几条租界内小路是以中国人名命名的,但这次工部局将公共租界内最主要的道路——西藏路重新命名为"虞洽卿路",并举行隆重的命名仪式,这还是破天荒第一次。不过,好景不长,第二年"八一三"淞沪战争爆发,上海沦陷,1941年12月7日太平洋战争爆发,日伪占领了租界,汪伪政府对上海的路名作大规模的调整、更名,虞洽卿路被注销,更名为西藏中路。但我年轻的时候,周围仍有许多老人称西藏中路为虞洽卿路。

# 上海何处洋泾浜

17世纪以来,随着英国或其他资本主义对外扩张,在殖民地或一些国家的通商城市、港口出现或形成英语和其他语言相混杂的语言现象,英文称之 pidgin(汉语音译作"皮钦语"),一般认为,pidgin 即 businee(商业)一词的变体,换言之,pidgin 也是两国或多国贸易中,因语言不同而产生的一种能使双方都能听懂和接受的商业用语。各国或各地产生的 pidgin 是不一定相同的,所以,pidgin 在各地也不一样,在中国,尤其在上海,pidgin 就有明显的地域特点,pidgin 对应的语言就是"洋泾浜"或"洋泾浜英语",如《英汉词典》:

pidgin [ˈpidʒin] n. ① (不同语种的人们在商业交往中发展起来的)混杂语言,混杂行话。② 洋泾浜英语,不纯粹的英语(尤指在旧中国港口等地所用的混杂英语)……

《简明不列颠百科全书》在"皮钦语"(pidgin)的释文中讲:"中国皮钦语

存在三个世纪,除了主仆之间使用外,英国商贾和中国显贵交往时也使用。那是由于双方自视甚高,不屑于学习对方语言。最初皮钦语纯粹用于口头交往;后来,通常与传教或推广教育计划有关,才产生自身的拼写体系。""中国的皮钦英语大约只有七百个词。"

"洋泾浜"的英文拼写为"Yang King-Pang"它原为上海县城北郊的河流。清《同治上海县志·卷三·水道上》在讲黄浦浦西支流时讲:

> 西洋泾浜,在方浜北,东引浦水,入八仙桥西流,北通寺浜,西通长浜,南通周泾。

文中涉及到一些消失的历史河流名称,先解释一下:"方浜"是黄浦江支流,流入上海县城,河道大致相当于今天的"方浜路";"寺浜"又作"竖浜",上海称之"浜"的河流大多是东西流向的,竖浜是吴淞江(苏州河)南岸的支流,是南北流向的,相当于"竖起来的浜",故称"竖浜",后讹作"寺浜",民国后分段填浜筑路,初名"寺浜路"、"池浜路",即今日的"慈溪路";"长浜",上海方言中的"浜"大多用于流入或流经城镇附近的小河,河流不会太长,

近代以后,洋泾浜是英、法租界的界河

"长浜"则是以较长的"浜"而得名，上海有两条叫"长浜"的河，一条为"南长浜"，1914年被法租界公董局填平筑成辣斐德路（Route Lafayetle）和白赛仲路（Route Gustave de Boissezon），即今天的复兴中路和西路；另一条为"北长浜"，沿浜有一条长浜路，1922年填平筑路，取名福煦路和大西路（Avenue Foch and Great Western Road），即今延安中路和延安西路；"周泾"是一条小河，在相当长的时期里是法租界西界河，1908年填河筑成"敏体尼荫路"（Boulevard de Montigny），即今西藏南路的北段。

"八仙桥"已经消失了，但作为地名一直使用至今，指今天的西藏南路与延安东路交叉路口附近一带，因为在民国初这里出现了一个上海最著名的娱乐场"大世界"，这里就俗称"大世界"，于是"八仙桥"地名的中心略向北移，指今金陵路与西藏南路口及附近一带。虽然"八仙桥"是上海知名度极高的地名，但人们对"八仙桥"名称的来历知之甚少。洋泾浜的南岸是法租界，1856年10月，英国以"亚罗号事件"挑起了第二次鸦片战争，1857年，法国又以"马神甫事件"参与战争，并与英军组成英法联军，1860年9月21日，英法联军北上，在通州城外八里的跨通惠河的"八里桥"与清军僧格林沁、胜保、瑞麟率领的清军相遇，当时清军人数超过三万人，远多于联军，但此战以联军胜利而告结束，清军伤亡过半，咸丰皇帝被迫出逃热河，接下来就是英法联军进入北京，火烧圆明园。对英法联军来讲，"八里桥之战"是决胜一战，当战争结束后，上海法租界就把租界里刚建成的一条马路命名为"八里桥路"（Palikao, Rue），而对中国人来讲，"八里桥之战"是一场耻辱之战，对法租界的"八里桥路"十分反感,不愿意使用"八里桥路",于是以中国人最熟悉的"八仙"叫成和写作"八仙桥路",租界当局也不希望引起上海人强烈的不满或对抗情绪,也只能顺水推舟,把"八里桥路"改称为"八仙桥路"(Rue Passiejo),就是今天的云南南路。"八里桥路"或"八仙桥路"是以中国北方通州城外的"八里桥"得名的,而这里并没有桥,后来,英租界与法租界共同出资筑一桥,它的北堍是英租界云南路,南堍是法租界"八仙桥路",双方都不愿意用对方界内的道路作为桥名,于是该桥就叫做"西新桥"(其东是"东新桥")。据《光绪上海县续志》中讲:"跨周泾之老八仙桥、南八仙桥、衡春桥,法工部局均毁筑马路",所以,"八仙桥"确实有桥,但不是跨洋泾浜的桥,而是跨周泾的桥,"老八仙桥"在今西藏南路北面顶端,"南八仙桥"则在今西藏南路金陵路口,这两座桥是在填周泾筑敏体尼荫路时拆了。这样也清楚

东新桥

了——洋泾浜是黄浦江浦西支流,在方浜路的北面,引水西流,过"八仙桥"后继续向西,与长浜(延安中路)相接,北面与寺浜(慈溪路)相连,而南面与周泾(西藏南路)相通,它实际上就是今天的延安东路。今天的西藏南路(南段)和西藏中路历史上均为河流,在1900年之前,也是法租界和英租界的西界河,早期租界筑的东、西向马路均到此而止,所以,直到今天,这里的马路名均以西藏路分作两个路名,如北京东路与北京西路,南京东路与南京西路、淮海东路与淮海中路等,均以西藏路为分界,唯独延安东路是穿过西藏路,一直到成都路附近与延安中路相接,就是因为当年洋泾浜一直通到这里的原因。

洋泾浜只是上海县城北郊的一条小河,并无太大的知名度,但进入近代后就发生了变化。1845年英租界在洋泾浜北岸建立,1849年,法租界在洋泾浜南岸建立,洋泾浜就成了上海英、法租界的界河。租界的市政建设、经济发展、人口增长的速度较快,在上海开埠后的十几年,租界就成了有别于上海老城厢与中国其他城市的"十里洋场",于是,"洋泾浜"也常被当作上海租界的代名词使用,上海城里人讲"到洋泾浜去"就是"到闹热的租界去"。王韬《蘅华馆日记》咸丰八年十二月二日(1859年1月5日)中抄录了一位叫孙次公的朋友写的《洋泾杂事诗序》,文曰:

> 洋泾者,上海县之北郊也。今为西洋通商马(码)头,戊午冬孟,来游兹土,居旬有余日。见夫巨桥峻关,华楼彩毂,天魔赌艳,海马扬尘,琪花弄妍,翠鸟啼暮,以及假手制造之具,悦耳药曼之

音,淫思巧构,靡物不奇。虽穷极奢侈,暴殄已甚,而以之佐谈屑,拾诗料,诚得所宜。

从传统内地小镇,初来乍到上海,确实会被到处莺歌燕舞的"十里洋场"惊倒,不过,作者很快平静下来,并适应和接受了这种生活方式。

进入上海的侨民要与上海人沟通、做生意,就要雇用一些粗通英语的中国人当买办,同样,中国人要与外国人打交道,也要依依呀呀地学着讲英语,于是,在"洋泾浜"产生和形成一种以上海话为母语,夹杂着许多英语词汇的语言,就叫做"洋泾浜"或"洋泾浜语",还有人编著出版了所谓的"英语会话手册"、"英话注解"之类的书,这种书大多是用宁波方言或上海方言注音的,必须使用宁波或上海方言念,才能更接近英语的真正发声,而一些不会讲上海话的人用自己的方言或官话念,那就相去甚远了。

1871年《申报》连载上海广方言馆肄业生杨勋(少坪)《别琴竹枝词》一百首,这"别琴"即pidgin的"洋泾浜语",由于不是本书的重点,抄录几首,博读者一笑。

我同汝去哀郎由,绰泼超超速速谋。

不惧何人诺废害,办笆悄悄竹杠抽。

"哀郎由"即along you,洋泾浜语表示"我跟你去"或"你跟我去","绰泼"应是cop,即逮捕,洋泾浜语中k与ch的音是不分的,"超超"即

"chop chop",即快、赶快,"诺废害"是 no fear,即不用怕,"办琶"即 bamboo,即竹头、竹杠,"悄悄"同沪音"吃吃",即 chowchow,"吃"是沪语中最常用的口语,如二人相见,均为以"饭吃过了勿"致问,劝对方品赏食品会讲:"侬吃吃看,味道勿错",被打、挨打也讲做"吃生活",今英语 chowchow 多指中国的零食、小吃。今天的网络语言以"who 怕 who"表示"谁怕谁","哪个怕哪个",这可能是一对小偷的对话,仿"who 怕 who"之句重写:

我同你去 along you,看见巡捕赶快溜。
who 怕 who 来 no fear,bamboo chowchow 抽竹杠。

据我考证,汉语"敲竹杠"即出自上海洋泾浜语 bamboo chowchow。

爱做药材掮大黄,辣治野陆意扬扬。
岂知而路排鞋勃,回首登坑早已忘。

"大黄"是中医药材,有良好的排便功效,也是中国出口商品中的大宗商品,英文名 rhubarb 可音译为"而路排鞋勃",但洋泾浜语叫作"辣治野陆",即 large yellow,就是"大而黄",竹枝词写得很幽默,读者可以自己理解。

洋泾浜是英租界与法租界的界河,也是上海城里去英租界必经之地,租界当局沿浜造了许多桥,《光绪上海县续志·卷四·水道上·桥梁》中记：

> 西洋泾者自浦口迤西至长浜口：外洋泾桥、里洋泾桥、三洋泾桥、三茅阁桥当即前志之韩家桥、带钩桥疑即前志之桂香桥、郑家木桥、东新桥、西新桥。

这些桥依次位于今延安东路的中山东一路(即外滩)、四川路、江西路、河南路、山东路、福建路、浙江路、云南路。以前，有多辆电车在东新桥设有终点站，使"东新桥"成为上海知名度很高的地名，至今仍被上海人熟知，而其他的桥，当桥消失后，地名也随之湮没。

进入20世纪后，上海的人口已经超过百万，并以每年增加10万人的速度上升，许多河道被填平筑路，使尚剩的河流淤塞严重，城市人口的激增，又加剧了河道的淤塞和污染，于是上海开始了规模性的填浜筑路。洋泾浜是英租界与法租界的界河，填洋泾浜筑马路早已提上租界当局的议事日程，但是，建设工程的费用怎么分配，筑成的路是什么规格，筑成的路又该叫什么路，一系列的事尚没解决，填浜筑路的工程也一推再推，一直到1914年开始，1916年竣工，在新路命名上有点滑稽可笑，因为英租界和法租界各有自己道路命名的方式及系统，如使用英租界的方式，法国人不同意，如使用法租界的方式，更会遭到英国人的反对。爱德华七世(Edward Ⅶ,1841—1910年)从1901年登基为大不列颠和爱尔兰国王，是一位颇受人民爱戴的君主。众所周知，英国和法国长期是欧洲的大国和强国，两国之间的对抗也十分激烈，谁都抱着一种"who怕who"的心态,谁也不买谁的账,直到今天,英国人去法国,如使用英语与法国人对话,可能会遭法国人冷淡(其他国家的人例外)。1903年,爱德华七世开始他赴欧洲各国首都之旅,在法国巴黎的一次国宴上,他使用法语致辞,赢得法国贵族和民众的欢迎,是一位受法国人尊敬的英国君主,爱德华七世于1910年5月6日逝世,上海的英租界和法租界决定将填洋泾浜筑的马路命名为"爱德华路",但使用法文路名为 Avenue Edward Ⅶ,并以法文读音取中文名为"爱多亚路",1943年汪伪政府改名为"大上海路",1945年,南京国民政府又以蒋介石名重新命名为"中正东路",上海解放后又以红都命名为"延安东路"。

洋泾浜填平后筑爱多亚路,图为爱多亚路外滩

1899年公共租界扩张成功,长浜是新界的界河,1900年和1914年法租界两次扩张,其北界也是长浜,于是,长浜又成了租界的界河。1922年,公共租界和法租界联合填长浜筑路,又遇到与填洋泾浜筑路

后命名的同样问题。

福煦(Ferdinand Foch,1851—1929年),法国元帅。1914年8月第一次世界大战爆发后不久,中部战线被德军突破,法军总司令霞飞(淮海中路旧名霞飞路,即以他的名字命名)令福煦组建的第九军进行抵抗,成功阻止了德军的进攻。1917年5月15日,他被任命为法国陆军总参谋长,并兼任协约国军顾问,他坚决主张西线的比、英、法军队实行统一指挥,起初遭反对,后来证明他的建议是正确的,1918年3月26日,福煦受命协调西线协约国军的行动,旋晋协约国军总司令,在他的指挥下,取得多次重大战役的胜利,8月6日,福煦晋升为法国元帅,后又被授予大不列颠元帅和波兰元帅,是受英国人尊敬的法国元帅,于是两租界一致同意以在第一次世界大战中立下赫赫战功的法国元帅名字命名,定填长浜筑的马路为"福煦路"。1943年改称"洛阳路",1945年改"中正中路",解放后改"延安中路"。"福煦路"三字均为汉字笔画十三画,旧上海常以"福煦路"骂人为"十三点",今天很少有人知道了。

顺便补一句,"洋泾浜"最初多指"洋泾浜英语",后来也指带有较浓外地口音的语言,今也指不伦不类,语词含义视语境而定。

# 太平桥与打铁浜

上海的"新天地"是中国实行改革开放政策后较早引进外资,合作开发的商业区名称,也是商业性旧城改造成功的例子之一。它的范围相当于今天淮海中路与自忠路之间,黄陂南路以西,马当路以东的区域,包括"新天地商业区"和该地块以东的"太平桥公园"。比较先进的开发理念,合理和科学的规划设计,正确的商业定位,以及规范和先进的管理,使"新天地"不仅成了上海旧城改造的典范,也成了上海新崛起的商业地标。外国人、外地人来上海必去"新天地",上海人也希望知道"新天地"成功的奥秘。于是,许多人想知道,这"新天地"的名称是怎么来的,而"太平桥"是否有桥、它在哪里,也成了人们想知道的内容。

"新天地"开发时,该地块与坐落在兴业路 76、78 号的全国文物保护单位——中共"一大"会址相邻,汉字"一"和"大"相合就是"天"字,于是投资方决定将该商业地块取名"新天地",隐喻"新的'一大'之地",不少人津津乐道"新天地"的成功得益于"一大"的荫庇,这确实有点道理的。

历史上的上海是江南水乡,河渠纵横,水网密布,今天的中华路和人民路是古代的上海邑城墙,有一不算狭的城壕环绕着城墙,有不少河流与护城河相通,这些河流既是护城河水源的来源,也是船行进入上海县城的通道。在西门(即老西门)的水门处,有一条叫作"打铁浜"的小河,曲曲弯弯通往上海县城西北方的"北长浜"(即今延安中路),是沪西进入县城的航道之一,西郊的农民就是通过这条小河将农副产品运到城里,于是在"打铁浜"靠近县城的地方就形成了市场,今天的顺昌路北段旧名"菜市街",它也是原打铁浜的一段河流,就是以此得名的,同样,就在"菜市街"上有不少打铁铺,制作和销售农具和船用铁器,"打铁浜"之名也是由此而来的。

古人迷信,认为人正常死亡后,他的灵魂离开了原来依附的身躯,回到彼岸世界安居乐业,在合适的时候他们又可以转世,投胎人世,而非正常死亡的人,他们的灵魂脱离身躯后就无处可归,就像一个无家可归的流浪汉,于是成了冤魂野鬼,流窜到人间作奸犯科,惊吓小孩,传播瘟疫,称之"厉鬼",而人遇厉鬼,轻则得病,重则丧命。就像西方基督教的"万圣节"(All Saints' Day)和天主教的"万灵节"(All Souls' Day)是祈祷所有死者亡灵平安进入天堂的活动一样,中国古代也有不少超度死者的活动节日,其风俗目的和意义就是希望厉鬼们也有一个温馨的家,免得他们游荡到人世来伤害百姓。

据野史记载,朱元璋率起义军打败元朝,登基做了大明王朝的开国皇帝后,经常梦见曾追随他,为推翻元政权而战死沙场的部将们哭诉,由于他们是血战而死,有的还身首异处,所以在阴世无法入户口,只能成了厉鬼而到处游荡,希望得到朱元璋的抚恤,于是朱元璋下令天下建立厉坛,让那些战死的将士们"五人为伍"、安心居住,这些野史中的记载得到正史的证实,《明史·礼志四》中讲:

> 厉坛。洪武三年定制,京都祭泰厉,设坛玄武湖中,岁以清明及十月朔日,遣官致祭,前期七日,檄京都城隍,祭日,设京省城隍神位于坛上,无祀鬼神等位于坛下之东、西。羊三、豕三、饭米三石。国祭国厉,府州祭郡厉,县祭县厉,皆设坛城北,一年三祭,如京师里社则祭乡厉。后定郡、邑厉、乡厉皆以清明日、七月十五日、十月朔日。

厉坛以行政区划分为等级,中央政府在京师建立的为"国厉",省一级的为"郡厉",县一级的为"县厉",再次一等的就是"乡厉"。朱元璋关于建厉坛的政令下达后,我国县以上的政区必须建一个厉坛,活人宜朝阳居住,而死鬼宜背阳居住,所以厉坛规定建在城的北面;朱元璋时,规定一年两次,即清明和十月初一祭厉,在祭厉的前七日,阳世政府就要发公文给城隍庙,祭厉的那天,人们把城隍或城隍的牌位从庙里抬到厉坛,放到坛之中央,被祭的厉鬼们的牌位放在厉坛下的东、西两侧,一般由地方行政长官宣读《祭厉文》,然后再将城隍或城隍的牌位原路抬回城隍庙。

后来祭厉改为一年三次进行,即清明、中元(七月十五日)和十月朔,称之"三巡会",据说这与上海的钱鹤皋有关,据清人《墨余录》中记:钱鹤皋是五代时吴越王钱镠的后裔"世居(上海)邑西南三十余里之王湖桥",他"性豪迈,尊礼知名士,广结海内侠客,援人之厄,不吝于金,人以豪杰目之"。元朝末年,烽烟四起,天下扰乱,群雄并起,张士诚据高邮,陷泰州;陈友谅破安庆,攻隆兴;朱元璋兵起和阳,渡江取太平路、克南京。时称豪杰的钱鹤皋也想有所作为,必须在张士诚、陈友谅和朱元璋中选一人为自己的靠山,他听信了朋友的惑言而选择了张士诚,还出资"招集流亡,得万余人",元至正十七年(1357年)张士诚被元王朝招降,经张士诚的举荐,钱鹤皋任平江路行省右丞,钱鹤皋也从准备反元的豪杰而变成了元王朝的走卒。

公元1368年元王朝灭亡,朱元璋登基开创大明王朝,朱元璋的部将徐达率军东进,松江知府王立中投降,但钱鹤皋认为时局动荡有利于自己称霸一方,于是率兵反抗朱元璋,最后兵败被擒,并被处斩,据说,他临刑时还对朱元璋讲"吾死而为厉,与汝决战",同时,钱鹤皋被斩时"白血溅注","明祖异之,恐为厉,因令天下设坛,祭鹤皋等无祀鬼魂"。所以,上海一年三次的祭厉"三巡会"最为隆重和热闹。

明《弘治上海县志·卷四·庙貌》中记:

> 邑厉坛。在县治北。洪武三年七月知县张平置。

这段文字太简单了,《同治上海县志·卷十·祠祀》只将厉坛当作"附录"收入文中,说:

> 邑厉坛。旧在县北,明洪武三年建,嘉靖二年知县郑洛书重修,今其地为西人租去。每岁清明、中元、十月朔,县牒城隍神诣坛赈济(即知县发文给城隍,通知他到厉坛祭厉),权于西门外同仁辅元堂义冢庐舍举行。同治七年,社稷坛既迁,乃以旧基改建厉坛,正屋五楹,东、西厢房各三楹,外为垣,公捐兴复。

明朝建的厉坛一直在上海县城的北郊,近代以后,上海北城外的土地被辟为租界,这个厉坛废了,后人已经讲不清它的确切位置了,但每年的"三巡会"照例还得进行,就只得在西门外同仁辅元堂的一个公共墓地的房子里进行,到了同治七年(1868年),由于"社稷坛"迁址重建,于是又在社稷坛的旧址重新建了一个厉坛。

社稷坛是祭祀土地神、五谷神的场所,《同治上海县志·卷十·秩祠》中记:

> 社稷坛。在西门外周泾承恩桥初在县西南徐家浜。明洪武二年移置县西北,嘉靖二年知县郑洛书重修碑记云:正德十六年上戊,莆人郑洛书肇祀社稷,坛越在草莽,弗称崇德之意,亟以祭之日修之,追秋祭,垣屋新坛亦新,是年也,岁稔,人谓鬼神格歆。碑今毁。咸丰四年毁于兵。越岁,知县孙丰重立碑,无垣屋,同治七年,巡道应宝时筹款移建于周泾衡春桥东同仁堂公地……

从明初到清同治七年,上海社稷坛一直在上海县城的西北郊,由于文

字太简,仍无法确定其确切的位置。当时筹款重建社稷坛的上海道台应宝时有《移建社稷坛碑记》,文中提到:

> 上海社稷坛,旧在西北郊,濒水沮洳,榛莽翳塞。祭日,值风雨率就他庙……

原来的社稷坛在上海西北郊临河的地方,地势很低,杂草丛生,遇上雨天,祭祀只得改到其他庙中进行,文中虽没提到这条河浜的名称,根据种种迹象,它应该是上海县西北的"北长浜",也就是今天的延安中路。也就是讲,后来重建的厉坛就在"北长浜"边上。

"打铁浜"就是连接北长浜与护城河的一条小河浜,也许这条河浜太小,上海的多种县志中都不见记录,而只是在 1900 年法租界扩张时,才提到"打铁浜以东之地"划入法租界新界,大约在 1906—1913 年间,法租界公董局就将之填平后筑成马路,法文名为 Rue Eugène Bard,中文名为"白尔路",就是今天的——自忠路、顺昌路(北段,旧又名"菜市街")、太仓路和重庆中路。于是,这条本来名不见经传的"打铁浜"就消失了。

《同治上海县志·卷三·桥梁》中讲:

> 城之西为万胜桥、第一桥、承恩桥(在晏公庙西)、衡春桥(俗呼羊皮桥)、井亭桥、斜桥……

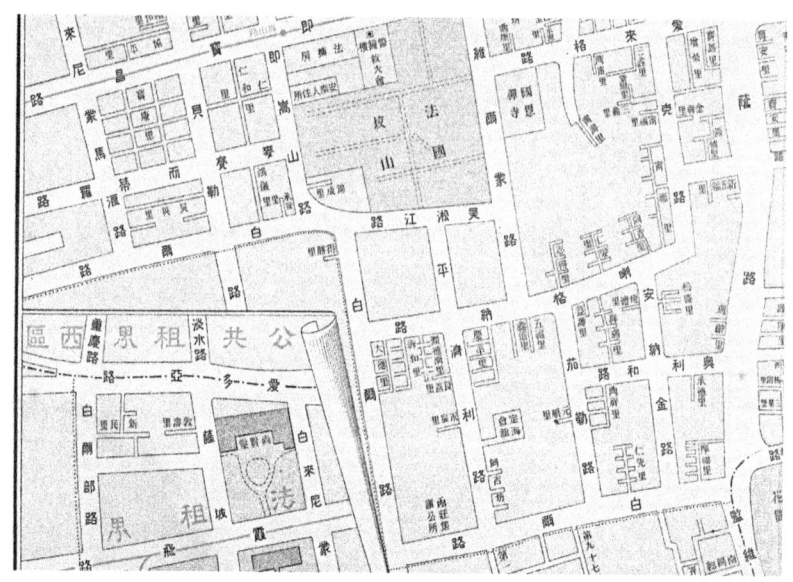

1918年上海地图,图中的白尔路(有虚线)相当于今自忠路、顺昌路、太仓路,就是填原打铁浜筑的马路

除了"斜桥"以外,所记录的桥梁和桥名都已消失了,而新的社稷坛就建在"周泾衡春桥东同仁堂公地",显然,这座"衡春桥"就是跨周泾(今西藏南路的北段)上的桥,而衡春桥俗呼"羊皮桥",而今天的复兴中路的东段旧时叫作"羊尾桥路",在沪方言中,"皮"的发声近 bi,"尾"的发声近 mi,如"尾巴"音近"mi bū"读音十分接近,看来,"羊尾桥路"就是以"羊皮桥"而得名的。"太平桥"是打铁浜上的桥,在今济南路自忠路口附近,以前 17 路电车在这里设"太平桥站",所以这个旧地名一直沿用到今天。"三巡会"是公共性的风俗活动,上海的三巡会通常由上海地方政府出面,道教和社会团体共同组织,一般的佛教、道教的神像是泥塑或木雕的,体积很大,分量很重,无法搬动,而城隍庙既是一方土

地神，又是宗庙，如上海城隍是元末明初上海人秦裕伯，上海城隍庙又相当于上海秦氏的宗庙，城隍为"衣架像"，它像现在许多展示馆、博物馆中陈列的"蜡像"，只有外露的头和手是腊做的，整个身体是"架子"，是空的，当然"穿"上衣服后是看不出的。当巡会开始时，人们就给城隍换上新衣服，从庙里抬出来后再"装"进轿子里，信徒们前有开道，后有仪仗，一路敲锣打鼓，鞭炮大作，沿方浜（今方浜路）边上的小路出西门，再越过"太平桥"到达新建的厉坛，知县或知县的代表完成相应的祭祀仪式，宣读《祭厉文》文，巡会的队伍按原路返回。祭厉的意义在于对无祀的孤魂野鬼的抚恤，而最终的目的则是使厉鬼有一个安稳的居所，不再出来危害社会，骚扰生民，使社会安定，人民太平，所以，祭厉也被叫作"太平公醮"，于是，那座跨打铁浜，因"太平公醮"队伍必须经过的桥就被叫作"太平桥"。

1900年，包括厉坛在内的打铁浜以东地段被划进了法租界，要进入租界祭厉就困难了；同时，进入20世纪后，随着民众科学意识的提高，祭厉是一种落后的封建迷信活动而被冷落，此后，祭厉活动仍有出现，但规模已非昔日可比了。

1924年适逢上海城隍秦裕伯逝世四百五十周年，上海各界定于该年中元节举行隆重的巡会活动，由于庙祝火烛不慎，打翻的烛台引发了一场特大火灾，城隍庙全部被烧毁。一个城市没了城隍庙可不行，于是，一方面城隍庙的道士就利用已多年不用的厉坛临时性地改为城隍庙，就被人们叫作"新城隍庙"，它的位置相当于后来的连云路24号，今已被建为"延中绿地"的一部分；另一方面，道士在上海信徒和社会名流的资助下筹款重建,吸取了失火的教训,重建的城隍庙改为钢筋水泥结构,并于1927年开光,因为有了"新城隍庙",重建后的城隍庙就被上海人叫做"老城隍庙"。打铁浜和浜上的"太平桥"早已消失了,但是,当时的电车在原"太平桥"相邻处设"太平桥站",才使"太平桥"地名沿用至今,而"新天地"的投资商又选择历史地名"太平桥"作为地块内绿地的名称,这也是一高招,更有利"新天地"和"太平桥"的知名度上升。

# 浦东的"团"和"灶"

浦东近海的地方有不少带有"团"和"灶"的地名,如"大团"、"二团"、"六团"、"二灶"、"三灶"、"六灶"、"里三灶港"、"外三灶港"、"六灶港"、"五灶港"等,如你认真查江苏省盐城沿海的地图,也能发现相似的地名。实际上,这是古代沿海煮盐留下的地名痕迹。

盐是维系生命的必需品,人体缺盐,生命的质量会下降(当然,多吃盐也不利健康),食品中少盐,会使食物淡而无味。海水中约含3%的盐,古代,蒸发海水是获得盐的主要手段,于是,中国南方沿海就是中国的产盐区,上海沿海也是重要的产盐区之一。浙江北部沿海,与上海相邻的海盐县是汉代设置的一个县,它就是以产海盐而得名的,而汉代时,今上海地区的东南部就属海盐县,上海沿海产盐的历史也许可以追溯到汉代,到了宋元时期今上海沿海就有天赐盐场(在崇明)、黄姚盐场(在今宝山月浦一带)、下沙盐场(总部即今南汇下沙)、青墩盐场(在奉贤)等,据统计,仅下沙盐场的年产量就占"两浙"的四分之一强,其产量之高可想而知。

古代，无法直接利用阳光蒸发水分得到盐，通常是通过晒和滤的方法将海水浓缩成浓度较高的盐卤，再将盐卤运到相对固定的地方的炉灶中煮，盐卤被煮后水分迅速蒸发，当盐卤的浓度达到饱和状态后，一部分盐结晶就出来了，人们不断地添柴煮盐，不断地向炉灶里添加卤水，又不断地把结晶盐捞出来。煮盐有许多道工序，每个工序环环相扣，所以煮盐也是一项集体性的劳动。

浙江天台人陈椿在元朝时任上海下沙盐场官吏，他把世袭下沙盐场官瞿守仁、瞿守义等请画师绘的煮盐过程图画编成《熬波图》，并配以文字，是保存至今最早的图文并茂、记录翔实的记录海盐生产过程的专著，成为研究中国煮盐历史和工艺的最重要的著作。《熬波图》把从海水中提炼出盐，再运往各地分解为多个程序，依次是：各团灶舍、

元陈椿《熬波图·序》（局部）　　《熬波图》绘"各团灶舍"

筑垒围墙、起盖灶舍、团内便仓、裹筑灰淋、筑垒池井、盖池井屋、开河通海、坝堰蓄水、就海引潮、筑护海岸、车接海潮、疏浚潮沟、开辟摊场、车水耕平、敲泥拾草、海潮浸灌、削土取平、榫水泼水、担灰摊晒、箓灰取匀、筛水晒灰、扒扫聚灰、担灰入淋、淋灰取卤、卤船盐船、打卤入船、担载运盐、打卤入团、樵斫柴薪、束缚柴薪、砍斫柴䒨(ga)、塌车辎车、人车运柴、辎车运柴、铁盘模样、铸造铁桦、砌柱承桦、排凑盘面、炼打草灰、装泥桦缝、上卤煎盐、捞洒撩盐、干桦起盐、出扒生灰、日收散盐、起运散盐等,可能是当时就画了这五十七幅画,才编定为五十七道程序的。其大致过程是——首先要选择近海而又离海一段距离的地方筑一道护海岸,防止海潮涌入岸内,再在岸内平整土地建一个晒盐场;再在晒盐场旁开沟,可以将海水通过沟引到晒盐场边上,再通过水车或人工将沟里的海水引到晒盐场;上海地区夏季雨水很多,一旦遇上下雨,引进晒场的海水会被冲淡,取盐更加困难,于是必须在较短的时间里将海水浓缩成盐卤,其方法是将烧植物获得的灰匀摊到晒场上,它能直接吸收海水中的盐,然后将含有盐的灰运到固定的地方,再将灰放到一定比例的海水中,灰中的盐又溶解到海水中,就获得高浓度的海水,也就是卤;再将卤运到煮盐专用的炉灶处,通过煮卤,使水分迅速蒸发,当卤水超过饱和后,卤水中的盐分就升华结晶成盐。

煮盐有许多道工序,必须集体劳动才能完成,所以有明确的分工,负责制卤运卤的叫作"卤丁",负责砍芦苇(上海没有山,沿海只有芦苇可作燃料)叫"芦丁",负责煮盐的叫"盐丁",这些人主要是各地犯罪后发配来的囚犯,户籍世袭,地位低贱,且不得转籍。古代,盐的生产和运输全部由国家的"盐运使司"管控,国家对盐实行专卖(我国近几年刚取消盐的专卖制度),煮盐的"团"几乎是一座"兵工厂",盐的半成品储存在这里,煮盐在这里完成,生产的盐也放在这里等待起运,"团"犹如一座军事堡垒,四周设有城墙,围城墙有护城河,还派军警层层设防,戒备禁严,一旦发现私藏、偷运盐的行为,其惩罚是极为严厉的。

"或三灶合为一团,或两灶为一团",开始,"团"只是煮盐单位,并没有名称,但一个"团"里所有的灶的数量是不一样的,于是,一个"团"里有二口盐灶,就被人叫作"二灶",有三口盐灶,就被叫作"三灶",浦东许多如"二灶""三灶"之类的地名,应该就是由此而来的。

宋代和元代,沿海的产盐区不属于地方行政,盐场的主管"盐运使"直属中央政府,地区的"盐运使"大多与地方政府官吏同级别,这是从旧制度沿用下来的,由于盐的运输和销售的利润很高,每个朝代都有私盐生产和贩运,其性质近似现在的"贩毒",刑罚的起点极高,盐生产最后一道工序是煮盐,国家对煮盐的管控最为严格,所以,陈椿《熬波图》把"各团灶舍"放在第一篇,释文说:

> 各团灶舍。归并灶座,建团立盘,或三灶合一团,或两灶合一团。四向筑垒围墙,外向远匝濠堑,团内筑凿池井,盛贮卤水,盖造盐仓、栲屋,置关立锁,复拨官军,守把巡警。
>
> 东海有大利,斯民不敢争。
>
> 并海立官舍,兵卫森军营。
>
> 私鬻官有禁,私鬻官有刑。

> 团厅严且肃，立法无弊生。

相同的官吏担任，或其上任后即获得与地方行政长官相同的级别，上海的"盐运使"就是"同知"，即"与上海知县地位相同"的意思。

倪绳中《南汇县竹枝词》：

> 洪武三年运盐使，下沙场统九团乡。
> 直从正统三场析，每辖三团为一场。

作者原注：

> 明洪武元年，立都转运盐使于杭州，设松江分司于下沙。下沙场位领九团。正统五年，分场为三，每辖三团。

明朝初建后，为了加强中央集权，废除了旧时盐官世袭的制度，在浙江设立"两浙都转盐运使司"，衙门设在杭州，在产盐量较高的松江府设"分司"，衙门设在今南汇的下沙（南汇县是清雍正二年分上海县长人乡东部设立的，所以明朝没有南汇县），而同时，在下沙的"都转运盐使司松江分司"又将浦东的盐场由南向北分为九个"团"，即大团、二团、三团、四团、五团、六团、七团、八团、九团。过了七十年，明正统三年（1438年），下沙的分司直接管理九个"团"，出现力不从心的困惑，于是在"分司"之下设三个"场"，每个"场"管三个"团"。秦荣光《上海县竹枝词·税课》：

> 下沙自宋设盐司，添二三场正统时。
> 南汇一分场一并，邑无盐政课政谁。

到清雍正时，分上海县长人乡之东部置南汇县，从此，上海县就没有盐政了。

顾翰《松江竹枝词》：

> 吴盐如雪久知名，场到青村辨始明。
> 莫使郎君穷海住，可怜有水煮难成。

作者自注：

> 盐出下沙、青村（今奉贤境内）等场，色白如雪，所谓吴盐也。自宝山至九团，谓之"穷海"，水不成盐；自川沙至一团，水咸可煮；南汇沙嘴及四团尤饶。

煮盐的成本与海水的含盐浓度有直接的关系，近长江口一带，由于江水泻入大海，海水的浓度很低，不适宜煮盐，所以盐民把这一带叫作"穷海"，而从川沙以南，受长江水影响稍小，海水浓度较高，是煮盐理想之地。但是，到了明朝中期以后，上海地区的海盐产量日益下降，如秦荣光《上海县竹枝词》引旧志说：元至正间"下沙五场岁办十三万八千三百余引"（"引"是盐的称重单位，一引为当时衡制四百斤），而到了明正统年间"添二场、三场，管灶户一万五千丁，岁办四万二千引有奇"，场的规模扩大了，而盐产量只有元朝的三成。大多数学者认为，这主要由于长江主流出水口不断向南转移，使原产盐区的海水被冲淡，增加了煮盐的难度，提高盐生产的成本所致。我想，这只是原因之一，前面已讲过，煮盐必须是集体劳动，由于明初实行了"海禁"政策，禁止和打击在近海开展航运、贸易以及其他作业，迫使元代已经形成的海运商帮转移到东洋、南洋，开展对西洋的贸易，而事实上这些从中国被迫出洋的商帮仍然希望中国开放海禁，开展对华贸易，而事实上，他们仍以"武装"的方式在中国近海开展贸易，而"武装贸易"可能出现的结果是，贸易顺利时正常贸易，一旦生意亏本就武装抢掠，此即所谓的"倭患"，明朝"倭患"从未中止，只是到嘉靖时达到顶峰，"倭患"对沿海治安和经济发展带来严重的影响，同时，上海的海岸线以相应的速度向东推进，而盐场必须建在近海的地方，所以，当海岸线东移到一定距离后，也必须将盐场向东推进，而正是沿海"倭患"的影响，也使新盐场建设被搁置下来，才使盐产量不断下降。大概到了清道光年间（1821—1850年），政府的盐业生产全线关闭，但民间的私盐生产依然忙碌，王丕曾《留溪杂咏》：

量盛海水十分煎，老幼提携向市廛。

最苦疲羸霜雪里，一筐值得几多钱。

倪绳中《南汇县竹枝词》：

> 盐场盐灶南迁去，健妇肩挑自海滨。
> 却笑十家村里住，居然娘子养男人。

虽然官盐的生产结束了，但是，食盐依然官卖，清廷依然在浦东设立"盐捕营"，缉拿私盐贩运，于是，盐捕与盐贩之间的争斗十分激烈，秦荣光《上海县竹枝词·风俗》：

> 浦东蛋党迭纵横，纵火都由盐捕营。
> 土蛋结帮投客蛋，掳人勒赎路难行。

> 南北枭邦互战争，炮声远震接枪声。
> 巡防水陆军分布，咫尺相违静守营。

作者原注：

> 浦东各港口，均有盐炮船停泊。光蛋之来，皆盐营纵之耳；内地流氓，结连一起，祸遂害人非浅矣。北帮蛋魁邓海青，本盐营旧弁，然在龙王庙多年，但贩盐而不扰害地方。自南帮各蛋欲绝其私贩，遂成仇敌。

南汇人称妻子为"娘子","娘子"不仅要帮丈夫一起煮盐,还要以妇人身份做掩护,将私盐贩运到上海,确实是很艰辛的,所以南汇谚语有——"五墩十家村,娘子养男人"。

中国是农业国,土地税是政府税收的大宗,而征收的标准是以地区划分的,同时再根据土地的用度以及耕地的质量分为几档。当上海沿海煮盐结束后,原来盐场的土地就被盐户们开垦为农田,而一般农田与新开垦的土地的征收标准不一样的,于是在光绪二十一年(1895年)两江总督张之洞设立"清查上(海)宝(山)滩地召变局",对沿海被垦土地进行清查、丈量,对获准开垦的土地清丈后制定税额,发给凭证,而未获准开垦的土地一律充公,此举在上海引起不小的轰动,不久,这个机构归并于会丈局,就是后来"上海土地局"的前身。

我手头有一份1926年财政部签发的《清理盐田执业凭证》,持证业主是南汇下沙王化溪,发证理由讲:

> 为给发执业凭证事。
> 
> 案查江苏松(江)、金(山)、奉(贤)、南(汇)、川

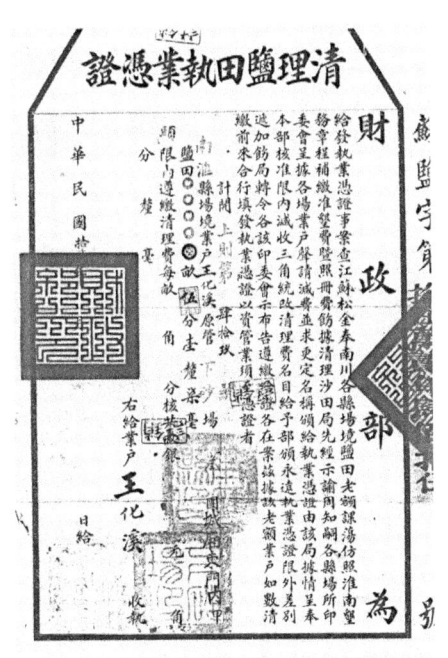

本书作者收藏的下沙清理盐田执业凭证

(沙)各县,场境盐田老额、课荡仿照《淮南垦务章程》补交准垦费暨照册费。饬据清理沙田局先经示谕周知,嗣各县、场所印委会呈据,各场业户声明,请减费并求更定名称,颁给执业凭证。

据估计,上海地区原盐地被开垦后改为农田,并由政府丈量后发给土地证的任务于1928年基本结束。

沿海的"团"本来是煮盐单位的专用名称,当这些机构遣散后,有些"团"变成地名继续使用,如今南汇的"大团",川沙的"六团",有的"团"被其他地名取代,如原来的"二团"即今黄路镇,"三团"为今惠南镇,"四团"为今盐仓镇,"五团"为今祝桥镇,"七团"为今川沙城厢镇,"八团"和"九团"则在今川沙城厢镇与高桥镇之间。

今天,南汇区已被撤销并入浦东新区,这里新的城市建设会加快,在城市化过程中,一些历史地名会消失,我想,浦东那些带有"团"和"灶"的地名记载了浦东的历史、文化和进步,应该将其列入非物质文化而加以保护,否则,当这些地名消失了,那段记录浦东历史、文化的记忆——也会被后人遗忘。

# 虹口港并非历史上的上海浦

上海是中国最大的城市,也是国际性的大都会,于是,上海的历史也备受关注,"上海"这个地名是怎么来的,它是否有特别的含义,也是人们关心的话题。现代的论著认为,历史上的上海地区有一条叫"上海浦"的河流,上海的发祥地,即今天的老城厢离上海浦不算远,上海就是以这条叫上海浦的河流得名的。上海地区属于江南水乡,河流纵横,湖泊密布,许多古城古镇往往依水而建,许多古镇也以水得名,但是,也有这样的现象,古代社会,人口不多,人口的密度较低,许多河流不一定非得有知名度稍高的名称,而当河流边上出现了一方集市,一个城镇,使这里的知名度提升,于是,河流就以这个城镇而得名,如今天上海青浦区的赵屯镇,据旧志记载,当年赵匡胤"黄袍披身"当了北宋的开国皇帝,赵匡胤曾屯兵于此,于是这里被叫做"赵屯",于是沿赵屯的一条大河就被叫做"赵屯浦",又如,今浦东新区的三林塘镇,据记载,约北宋时有一林姓举家迁住此地,后来子孙繁衍,沿河形成了东林、中林、西林三个以林姓家族为主的村落,合称"三林",三林镇以此得名,沿镇的河流也被叫做"三林塘"。今普陀区有"真如镇",是以这里有千年古刹真如寺而得名的,与镇相邻有一条河流,其走向有点像耕田使用的犁,旧称"犁辕港",同样由于真如镇的原因,人们就把犁辕港改称为真如港或真如河了。在上海,以镇得名的河流很多,凭什么说上海镇是以上海浦得名的,而不是上海浦是以上海镇得名的呢!

"上海"地名最早出现于文献是《宋会要辑稿·食货十九·酒曲杂录》,说:

> 秀州旧在城,及青龙、华亭……上海……十七务,岁十万四千九百五十二贯。熙宁十年,租额一十一万七千八百九贯七十三文。

北宋时期的今上海地区属于秀州(治今浙江省嘉兴市)。这相当于一份国家财政收入表。"务"是宋朝使用的一种官署名称,多用于掌管贸易和征税的机构,《文献通考·征榷一》:"(宋)凡州县皆置务,关镇或有焉,大则专置官监临,小则令佐兼领。"北宋时期秀州共有十七个务,上海务是其中的一个,记录的年份是熙宁十年,也就是公元1077年,当然,"上海"的地名的出现应该比这更早,或更早得多。

郑瑄,字正夫,昆山人,北宋嘉祐(1056—1063年)进士,著名水利专家。江南是中国粮食主产区,江南收成的丰歉直接影响中央政府的财政收入,关系到国家的安危,所以,历朝政府都十分注意江南的水利建设,郑瑄奉命治理江南水利,多次上奏江南水利的治理方法和进程,著有《吴中水利论》、《吴门水利书》等,详细记录江南水系分布、特征,总结古人治水经验,提出当今治水办法。郏亶的论述被范成大的《吴郡志》大量引用,并成为研究古代江南水利和水系的珍贵资料。《吴郡志·卷十九·水利上》引用郏亶《吴中水利论》说:

> ……谨具下项:松江南岸,有大浦一十八条:小来浦、盘龙浦、朱市浦、松子浦、野奴浦、张整浦、许浦、鱼浦、上澳浦、丁湾浦、芦子浦、沪渎浦、钉钩浦、上海浦、下海浦、南及浦、江芑浦、烂泥浦。

沧海桑田,北宋距今千年,有的河流已经消失,有的河流的名称已经几次易名,很难考证其走向,但文中提到的部分河流至今还在,如"小来浦"即今"小涞港",可能古人认为该河的水流量不足,于是在"来"旁添加"水"而成了"涞",原为上海县与青浦、松江县的界河,今为闵行区与青浦、松江县的界河;"盘龙浦"又作"蟠龙浦",旧志称其"以具委蛇曲折如龙之盘"而得名,即今青浦区境的"蟠龙塘",南起徐泾,流经小涞港、北横泾,入吴淞江,今青浦区徐泾镇旧名蟠龙镇;"江芑浦"后因读音的变化,名称也发生变化,就是今天沪东的"杨浦浦"。我作了考证,郏亶报出的这些"浦",是由小来浦开始由西向东依次排列的。这也是"上海浦"最早出现于文献的记录,与"上海务"地名出现的时间大致相同。

在本书的相关篇章中会详细介绍,古代,直至今天,"浦"是苏南特有的河流名称,专门用于指吴淞江的大支流,也就是讲,凡称"浦",这条河一定是吴淞江的支流,这样我们就可以确定,以吴淞江为横轴,上海浦的源头就介于芦子浦、沪渎浦、钉钩浦与下海浦、南及浦、江苎浦之间。

古籍对"上海浦"的记录很少、很简单,这对寻找上海浦的走向带来极大的困惑。南宋的《绍熙云间志·卷中·水》中记:

上海浦,在县(指华亭县治,即今松江城厢镇)东北九十里。

明《弘治上海县志·卷二·水类》:

上海浦,在县治东。

王缜,字文哲,东莞人,明弘治进士,授兵部给事中,在任右副都御史时巡抚苏松诸府,到过上海,还与上海知县郭经泛舟上海浦,《弘治上海县志》还抄录了他俩的诗。由于历史留下的关于上海浦的资料文献不多,不妨抄录如下。王缜诗:

三载南巡休未休,一航上海信潮流。
简书刚为军储急,丝茧谁宽村巷忧。
事到安排经费力,人无贪恋更何求。
滔滔莫道行来远,我道沧州合远游。

李经和：

> 心役东荒眈未休,岂能无忧坐安流。
> 日边有地关民瘼,海角何人为国忧。
> 喜动耕屯生笑语,声消兼并散诛求。
> 画舟一叶烟波渺,错此春风汗漫流。

从这些诗文中,仍难以正确描述上海浦的位置和走向。

  南宋迁都临安(今杭州市),北方的官吏、豪门也随政府南迁江南,政治中心南移,促进江南经济发展和人口增长,随之而来的就是江南耕地不足的困难日益显现,百姓争夺公产,开垦滩地的现象日益严重,当大量沿江沿河的滩涂被开垦为耕地后,使河床变浅,江河变窄,江河的流量和蓄水能力下降,而上游供水不足,水流速缓慢,下游水道淤塞加快。明朝初建,上海曾编过《洪武上海县志》,但这部志可能未刊印就不见了。明《弘治上海县志》在讲黄浦时引用了《洪武上海县志》中的一段话:

> 至元、大德间,浦面阔尽(仅)一矢之力,泰定中,建闸于旁。
> 近上流势缓,沙积两湄,遂成沙涂。居民因莳葭苇,浅狭过半。

黄浦是吴淞江的大支流,由于当地百姓大量围垦滩涂,大量种植,使河流变窄,淤塞严重,到了元朝后期,黄浦的江宽"尽(仅)一矢之力",大概只有一二十米,河床也"浅狭过半",同样,吴淞江的下游也"潮沙壅聚,随浚随塞,屡为浙西之患"。到了明初,上海的水利到了非治不可的地步。《弘治上海县志》中又说:

> 范家浦,在县东北,旧名范家浜。洪武间,吴淞江淤塞,潮汐不通。永乐元年,华亭人叶宗行上言,疏浚通海,引流直接黄浦,阔三十余丈,遂以浦名。

清《同治上海县志·卷十八·人物》:

> 叶宗行,叶家行人,读书尚气节。永乐初,东吴大水,松江尤甚,宗行以诸生上书,请浚范家浜,引浦水归海,禁民毋筑坝。上善其言,命从尚书夏原吉治之,水患果息。

《弘治上海县志》还引用《通志》文,说:

> 永乐元年,户部尚书夏元(原)吉奏云:松江大黄浦乃通吴淞要道,今下流壅塞,难即疏浚,旁有范家浜,至南跄浦口,可径达海,宜浚令深阔,上接大黄浦以达泖湖之水,此即《禹贡》三江入海之迹。俟既开通,相度地势,各置石闸,以时启闭,每岁水涸之时,特修筑圩岸,以御暴流。如此,则事功有成,于民为便。

古人的文字十分简洁,今人理解起来十分困难,甚至会产生歧义,好在今天尚能找到"南跄浦"的踪迹,《上海地名志》:

> **南跄浦**(Nanqiang Pu)　在今浦东新区境内。元至元《嘉禾志》云:"在府东北百里。前志云范家浜西,吴淞江口曰跄浦,亦曰大跄浦。此以南别之。"明正德《松江府志》卷二和清康熙《松江府志》卷三皆云:"南跄浦按顾彧志,在上海东北三十六里。其支流为东沟浦、西沟浦、马家浜。今县东北有水曰跄港,曰大跄浦,其南近都台浦。疑即南跄浦之故迹也。"清同治《上海县志》卷三云:"南跄浦故在东虬江东,通东西沟、马家浜。"故南跄浦应在今浦东新区北部,故道虽早堙没,其支流西沟港至今犹存。

"南跄浦"是上海最东北端靠近长江口的河流,这样,我们就可以对明永乐治水的办法作一个总结:由于吴淞江淤塞严重,"随浚随塞,难即疏浚",就决定放弃旧吴淞江的下游水道,从今江桥附近疏浚和开挖一条河道,作为吴淞江新的下游水道,于是,被废弃的吴淞江下游水道就被叫做"旧吴淞江",省称"旧江",后又讹作"虬江",今江桥以东的普陀区境内有"西虬江",闸北、虹口境内有"虬江路"、杨浦区境内有"东虬江"和"虬江码头",大致上就是古代吴淞江下游的流向。在上海县城的东北方有一条"范家浜",它的北面"至南跄浦口,可径达海",而南面与黄浦相接,引黄浦水北流注入大海,实际上,范家浜就成了黄浦下游河段,但一直到明弘治年间(1488—1505年),人们仍称原范家浜为范家浜,又因为它也是吴淞江(旧江)的大支流,又被叫做"范家浦"。一般认为,旧范家浜相当于今天黄浦在吴淞江(苏州河)以北的下游河段,《弘治上海县志》称其"阔三十余丈",大概只有百余米,而如今的黄浦江下游远不止百米,这应该是后来又不断疏浚拓宽的缘故。

历年《上海县志》于"上海浦"的记录太简,到清《同治上海县志》仍有记录,说:

> 上海浦,在俞家浜北。对岸即浦北之下海浦。

《同治上海县志·卷首》绘有"上海县北境水道图",所标的"上海浦"在浦东陆家嘴一带,其出口正对着浦西今提篮桥附近的"下海浦",向南略偏,算是对准今日的"虹口港"。已故上海历史地理专家祝鹏《上海市沿革地理》认为由于明朝拓宽黄浦下游,使黄浦江成为宽达数百米的大河流,当这条大河流经之处,原来的小河就被大河截为两段,每段又产生了新的河流名称,并认为:"明永乐初开凿范家浜,就要把上海浦拦腰截断,就有一段尾巴留在浦东,后人仍称上海浦,而留在范家浜北通松江那段渐渐改称为虹口港",这只是祝鹏先生的推测和判断,并无考证,其可靠性和正确性就大打折扣。

古代几乎不具备地理测绘,绘图技术十分原始、落后,中国古地图只能是示意图,可以知道所绘地理实体的相对位置,以及与其他地理实体之间的关系,而难以或无法断定其正确的位置,如《同治上海县志》就认为上海浦的"对岸即浦北之下海浦",并不认为其对岸是浦北之虹口港。上海浦和虹口港离上海县城很近,我想,当时人是到过现场观察后得出的结论,一般错不了。

旧志未见把"上海"的地名来历与"上海浦"联系在一起,倒是明《弘治上海县志·卷一·沿革》中讲:

> 上海县。称上洋、海上。旧名华亭海,当宋时,蕃商辐辏,仍以镇名。

我们无法知道,"上海镇"与"上海浦"在地名上有何关系,假使我们认定今虹口港就是古代的"上海浦",那么,从上海县治到虹口港至少也有六七里路,中间还

虹口港码头

相隔着多条规模不算小的河流,这就难以证明"上海镇"得名于"上海浦",或者"上海浦"得名于"上海镇",也难以证明今日的虹口港就是古代的上海浦。

明《弘治上海县志》明确地表述,范家浜"在县东北",并说"引流直接黄浦"。上海的曹姓是因战争在北宋末年迁到江南的,在相当长的历史时期里,曹姓也是上海的著姓望族,出了不少大人物,上海《曹氏

宗谱》中讲,北宋末年,曹氏"从而徙者一十八支",其中有一位叫曹大明者率领一支宗族"卜居华亭县(北宋尚无上海县,上海地区属华亭县)上海镇范家浜之后,即今曹家渡。"如果该《宗谱》记录无误的话,当初的范家浜应该是曲尺形的,明永乐的水利工程中,范家浜的上游段被疏浚后成了吴淞江,即苏州河的下游水道,而其下游段就成了黄浦的下游水道,也就是讲,《弘治上海县志》所谓的"范家浦"就相当于今苏州河或陆家嘴以北的黄浦江河段。

叶宗行的建议是"疏浚通海,引流直接黄浦",就是讲范家浜与黄浦是不相通的,设法把黄浦之水引到范家浜,再泻到大海,至于怎么"引流",旧志讲得不清楚,明《弘治上海县志》讲,"上海浦,在县治东",而《同治上海县志》讲,"上海浦,在俞家浜北"。这样就清楚了,上海浦就是上海镇或上海县东面的一条河流,所谓"引流"就是利用上海浦把黄浦与范家浜沟通起来,就如明永乐的水利工程后,范家浜已经成为黄浦的下游河道,但《弘治上海县志》仍将"范家浦"记录在案,因为当时人仍称原来的范家浜为"范家浦",而"上海浦"也成为黄浦的河道后,人们也仍称其为"上海浦",到了后来,黄浦的知名度越来越高,"范家浜"、"上海浦"就在人们的记忆中逐渐淡忘、消失,不过,浦东还留下上海浦的一段尾巴,所以,直到《同治上海县志》中还正确地记录了"上海浦"。

《上海地名志》中说:

**上海浦**(Shanghai Pu) 位于上海旧县城东,自南往北流,注入吴淞旧江。即黄浦下游旧称,明王圻《东吴水利考》:黄浦下游合江处曰上海浦。因史载上海浦早于黄浦,为吴淞江南岸十八条支流之一,明以前有关上海方志又不载黄浦,因此,一说上海浦为另外一条河流,后被黄浦所并或与之相连。

上海浦是上海镇东面的河流,上海也以上海浦得名。明永乐的水利工程中,上海浦成为黄浦下游的一段,其主流并入黄浦,河名逐渐消失,尚有一段为浦东的黄浦支流,河流及名称一直沿用到清末。

2014年11月26日《新民晚报》发表记者文章——《虹口港故地系"上海"之名来源 市政协委员建议恢复其旧称"上海浦"》,这是一篇采访政协委员提案的报道,提案还称:"上海浦对申城的崛起功不可没,而且也是'上海'之名来源,应该让现存'上海浦'北段恢复原名,并在其两端勒石标示名称,同时造亭立碑记述它的悠久历史,便于人们更好地了解上海的由来。""虹口港"和"虹口"也是影响深远,知名度极高的历史地名,虹口区亦以"虹口"得名,取消一个仍在使用的历史地名,换上另一个历史地名的方法不可取,何况,没有什么证据能够证明——今日的"虹口港"就是昔日的"上海浦",无证无据的更名,必定会造成另一个"冤假错案",制造更多的麻烦,地名更名必须论据充足,实事求是。

# 虹口港与虹口地名的延伸

虹口区是上海市下的行政区之一,有一条叫虹口港的河流在区境内流过,虹口区即以虹口港而得名。实际上,人们对虹口港的历史文化了解并不多。"虹口"旧多作"洪口",近代以后才固定为"虹口",那又是怎么一回事呢?

清《同治上海县志·卷三·水道上》在记录"吴淞江北岸之水"中讲:

> 沙洪,在杨树浦西,通江、浦。北流至分水庙,东为南洪,中为中洪,西为北洪。案:此三洪从虹口桥而进,非前所载之三沙洪也。其中流亦曰穿洪。前志此下并有奚浦、东奚浦,今俱无考;又有杨木浦,乃杨树浦之别名。

先作一个说明,历史上的吴淞江是太湖流域最大的河流,也是流经上海最大的河流,也是上海唯一被称之"江"的河流,所以旧的《上海县志》或其他著作,凡独称"江"的河流一般就特指吴淞江,并包括吴淞江的旧道——虬江,明永乐以后,黄浦发育成流经上海的最大的河流,把上海分割成浦西和浦东,旧志凡单独称"浦"的河流,一般就特指黄浦。引文所谓"通江、浦"就是讲这条河一头通吴淞江(旧江),一头通黄浦。"分水庙"后又称"分水龙王庙",清《同治上海县志·卷三十一·杂记二·寺观》:"分水庙,在虹口。南北分流处。"《虹口区地名志》:"分水龙王庙,遗址位于本区中部偏南,临平路桥东北堍、临平路313号……庙前有路,曾名庙前路(后改临平北路222弄,1986年已拆除),庙后亦有一路,曾名庙后路(今泾东路),原庙屋已于1937年被侵华日军所毁。"同书又讲:"分水庙桥,遗址在今临平路桥东南,南北跨胡家木桥路。1933年厘字图22—48明确标绘:东沙虹港在流入沙泾港分水庙前,胡家木桥西侧有一桥,即分水龙王庙桥……分水庙西侧为沙泾港与东沙虹港汇流处……1953年填东沙虹港,该桥亦折圮。"这样就容易理解《同治上海县志》的说法了:沙洪是黄浦江的浦西支流,向北流到分水庙时分作三条,即南洪、中洪与北洪,"分水庙"就是这三条洪的水神庙,如倒过来讲,有南洪、中洪、北虹的三条河,向南流到分水庙后汇成一条,那就是沙洪,现在与虹口港相接的一条小河叫做"沙泾港",沿河还有沙泾港路,那就是以前的沙洪。从现在的地图上仍能看到,沙泾港流至哈尔滨路桥时发生一个大于270°的急转弯,再向南平稳地流入黄浦江,这相当于沙洪的出口,于是被叫做"洪口","洪口"本义为沙洪的入黄浦口,后来这一段沙洪也被叫做"虹口"或"虹口河",沿河的地方也被叫做"洪口"。

清上海人毛祥麟《墨余录·卷八·大桥》中讲:"沪城东北有港,名洪口。外通大海,内达吴淞,水急河阔。"这个"洪口"就是"虹口",也即今日的"虹口港"。《同治上海县志·卷一·镇市》在记录上海县城北面的集镇时说:

虹口市,县东北五里,道光间渐成市,多聚客民,易藏奸宄。虹安镇,县东北九里。今已寥落。

虹安镇相当于今"虹镇老街",这里邻近分水庙,是水上航运的重要通道,很早就形成镇市,到了清同治年间(1862—1874年),由于"虹口美租界"的出现,商业贸易向租界转移,虹安镇开始衰落,再后来就成了贫民区。1843年11月17日上海开埠后,早在1845年美国基督教传教士文惠廉(William Jones Boone,1811—1864)就在虹口"永租"了五十二亩土地,在这里建造教堂和传教士宿舍,1848年,文惠廉又向上海道申请,希望在虹口建立美侨居住区,上海道立即同意,将"吴淞江虹口沿江三里之地"辟为美国人居留地,后来就称之 Hongkew or American Settlment,其本义是"虹口美国人居留地",后来长期称"虹口美租界",虽然在1863年时,上海

美国基督教圣公会传教士文惠廉在虹口建的救主堂

的英租界和美租界合并为 Shanghai Foreign Settlment,对应的中文名为"上海英、美租界",但习惯上人们仍称苏州河南岸的原英租界为"英租界",苏州河北岸的租界为"虹口美租界",从此,"洪口"之名就被固定为"虹口",当然,"虹口"作为地名的所指区域也越来越大。

虹口港在嘉兴路桥附近与俞泾浦相接,向东南流注入黄浦江,长约1.5公里,到19世纪末,虹口港及沿线均被划入"虹口美租界"。上海地名用词习惯,一般把河流的上游称之"里",下游称之"外",据清《光绪上海县续志·卷四·水道上·桥梁》中记:

> 跨虹口港者:外虹桥、中虹桥即前志南虹桥、里虹桥即前志北虹桥、新虹桥、北新虹桥、四卡子桥、嘉兴桥上并工部局建。

我从小生活在虹口港附近的一幢石库门住宅里,对这里的环境十分熟悉,外虹桥即今大名路桥,据《同治上海县志》中讲:"外虹桥,在虹口外,道光二十一年,制以木",外虹桥最初为木桥,我见到的已是水泥桥了;中

跨虹口港的第一座桥——外虹桥

虹桥又称"熙华德路桥",即今长治路桥;里虹桥又称"汉璧礼路桥",在清代的地图中尚能见到,桥南马路叫做"里虹口路",约民国初改名为

"汉璧礼路"(Hanbury Road),汉璧礼是早期进入上海的英国房地产巨商,在虹口有很多房地产,并巨额支持租界的市政建设和慈善事业,如在虹口创办"汉璧礼蒙童养育院"(Thomas Hanbury School and Children's Home),捐资建设"西童公学"(The Shanghai Hanbury Public School),捐资建设"三角地小菜场"(Hongkew Market),遂将原"里虹口路"重新命名为"汉璧礼路"。"新虹桥"即今"余杭路桥",不过,我们都叫做"电灯桥",早期的发电主要用于电灯照明,所以上海人称发电厂为电灯厂,电费叫做"电灯费",早在1882年,英商在虹口港边建立中国第一家发电厂——斐伦路发电厂(今九龙路375号,址今为上海市供电局),于是该桥俗称"电灯桥",其俗名的名气比正名大得多。"北新虹桥"的两边原来均叫鸭绿江路,俗称"鸭绿江桥",后来,桥西的马路改名海宁路,又称"海宁路桥"。我以前常把鸭绿江桥叫做"杀业公司桥",因为桥的东堍偏北有一家公共租界工部局办的宰牲场,俗称"杀业公司"(S. M. C. Abattoir,旧址即今"1933老场坊创意园区"),而更通常的称谓为"四卡子桥",因读音的差异,又被写作"施家嘴桥",连《虹口区地名志》也是这样记录的。实际上,"四卡子桥"是鸭绿江桥北面的一座桥,确切地讲是在今武进路与虹口港的交叉点,据《光绪上海县续志》中记载,虹口港是航道,是上海、宝山两县的重要水道,清上海县百货糖捐局在这里设"第四卡子",于是该桥被叫做"四卡子桥",也许由于该桥的一端是"死路",作用不大而被拆除了,但它作为地名保留了下来,人们又把"四卡子桥"与"杀业公司桥"混为一谈。

当初上海道同意把"吴淞江北岸虹口沿江三里之地"辟为虹口美

租界,并没有明确四至,而这句话又十分含糊、笼统,从19世纪60年代起,美国驻上海领事熙华德(George Frederick Seward)希望与上海道正式确定虹口美租界的界线,并先拟了一份建议书,这条分界线就被叫做"熙华德线",由于"熙华德线"与原定的"吴淞江北岸沿江三里之地"的差距很大,谈判一直在进行,但始终没能达成协议,一直到1893年7月,双方正式签订和批准《新定虹口租界章程》,租界的东界伸到杨树浦(河),1899年12

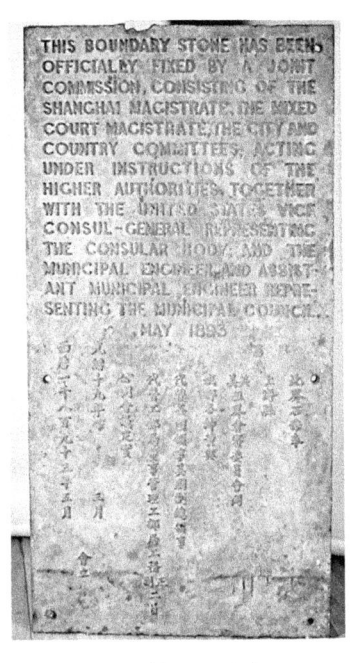

虹口美租界界碑

月,公共租界再次扩张成功,公共租界的总面积达到33 503亩,约合22平方公里,其中苏州河北岸的"虹口美租界"的界线大致为今天的:西起苏州河西藏路桥,向北至海宁路,再从浙江北路向北,再沿天目东路(旧名"界路",英文名Boundary Road)向东到天目东路河南北路口,再以该点与嘉兴路桥处拉一直线,又再以嘉兴路桥与军工路与黎平路相交点拉一条直线,当然,"虹口"的所指范围或区域也随"虹口美租界"的扩展而扩大。大概东起杨树浦河,西至西藏北路的一大片区域多可以叫做"虹口"。如1904年改组原上海商业会议公所为上海商务总会,并搬迁到"虹口美租界爱而近路盖字三号",有的写作"虹口爱而近路盖字三号",而爱尔近路即今安庆路,在闸北区境内,于是许多人弄不懂,这"爱而近路"到底是"虹口"还是"闸北",甚至有人怀疑,当时人是否把"虹口"和"闸北"弄错了。

今天虹口区的武进路旧名叫"老靶子路"(Range Road),这条路原来是靶子场的靶道,早在1896年,租界工部局以靶子场太小太窄,子弹容易误伤行人为由,希望上海道提供一块远离市区,面积更大的土地另建靶子场,经上海道批准,工部局买进了一块宝山县境内的五百余亩土地,将北部建为靶子场,中部建为高尔夫球场及附属花园,西部建为运动场,1905年对外开放,称"新靶子场公园"或"靶子公园",约1921年改称"虹口公园",相当于今日的鲁迅公园和虹口足球场的全部。在建公园的同时,工部局又筑了租界北四川路的延长线,初名"新靶子场路",于是改造原靶子场筑的马路就叫做"老靶子路","新靶子路"是北四川路的向北延长线,后来又并入北四川路,相当于今日武进路以北的四川北路。这是工部局超越租界,在租界以外的地方筑的马路,史称"越界筑路"。以后,工部局又先后筑了施高塔路(Scott Road,今山阴路)、黄罗路(Wanglo Road,今黄渡路)、江湾路(Kiangwan Road,今东江湾路)、窦乐安路(Darrock Road,今多伦路)、白保罗路

虹口北四川路(右)和老靶子路(左,今武进路)交叉路口

(Barchet Road,今新乡路)、赫司克而路(又作"黑狮路",Haskell Road,今中州路)等越界筑路,这些道路的筑成为北四川路地区的经济发展和人口增长起了极大的作用。

明朝倭患严重,中日交往基本处于停滞状态。1870年9月,日本正使柳原前光、副使藤原义质率使团正式访问上海,与上海道涂宗瀛订立中日《官方邮船协定》,中日恢复邦交关系。同时,日本购进虹口临黄浦江岸建立日本邮船码头,码头的东端紧挨虹口港入黄浦口,1871年7月13日,日本驻上海领事馆在邮船码头的西侧落成并正式举行升旗仪式。可能由于这个原因,日本侨民大多选择定居在日本领事馆、日本邮船码头相近的"外虹口"、"中虹口"一带。1895年中日《马关条约》后,来上海的日本侨民人数迅速上升。1917年俄国"十月革命"后,日本企图乘机替代俄国在中国东北的地位,中国北洋政府也担心苏联侵入中国,日本又乘机煽动北洋政府,协助中国对抗苏联,1918年中日签订《共同防敌换文》,准许日本在中国的一些地方和城市增派驻军,于是日本在上海北四川路底建立日本海军陆战队司令部,日本在上海的常年驻军人数约5 000人,他们又在北四川路沿线和附近建造了军官住宅,

设在虹口北四川路底的日本海军陆战队司令部

吸引了更多的日本侨民迁居那里，形成了一个日本人麇集之地，当然，1908年开通的从静安寺到虹口公园的1路电车改善了这里的交通，使北四川路成了上海房地产业的热土，至迟在20世纪20年代初，北四川路沿线成了虹口的"新城"，这一带就被叫做"新虹口"，"虹口"所指的区域不断扩大。

1945年抗日战争胜利，由于租界已经收回，上海对原有的行政区作重新设置，全市划分为三十二个区，其中市区区二十个，大致按照原来的警察区，虬江路以南，虹口港至河南北路之间的区域为虹口区，虬江路以北，四川北路两侧的区域为北四川路区，虹口港以东，大连路以西和以南的区域为提篮桥区，1956年，又撤销原北四川路区和提篮桥区，并入虹口区，人们今日所讲的"虹口"或"老虹口"，一般就是指该区或，1979年，将曲阳新村一带划入虹口区，1984年，又将原江湾镇的一大片区域划进虹口区，使全区面积达到约23.5平方公里，人们习惯把1979年后划入虹口区的区域叫作"新虹口区"。

总之，"虹口"原作"洪口"，最初只指一条叫沙洪的河流入黄浦口，后来用作地名，最初也只指"洪口"相近的地方，由于"虹口美租界"的建立，"虹口"就作为官方地名固定下来，同时也随租界的扩展，"虹口"实指区域也不断延伸，而今日，凡虹口区境内均可以称之"虹口"。

另外，有人认为今虹口港的故道即古代的"上海浦"，此说根据不足，参见本书《虹口港并非历史上的上海浦》一文。

# 九段沙还是九团沙

已故老友顾炳权先生主编的《浦东辞典》收有"九段沙"词条,是这样释文的:

> 九段沙,在浦东新区施湾海岸线东约10公里处,地理位置正处在长江南支南港入海口的口门附近,长约35公里,宽约10公里,属典型的心滩类型。自80年代(指20世纪80年代)以后,局部已露出海面。

众所周知,古代上海的海岸线在今嘉定、青浦、松江一带,东流的江河夹带大量泥沙注入大海,受海洋潮汐的影响,部分泥沙在入海时因水速改变而沉积下来,使上海的海岸线不断向东推进,大概在南北朝时,海岸线向东延伸到今日的上海市中心区,大概到了唐朝,海岸线又东进到今天的浦东,即使今天,上海的海岸线仍在缓慢地向东延伸,这种由江河泥沙沉积而形成的陆地称之"冲积平原"。冲积成陆是一个缓慢的历史过程,有时会在离岸一定距离的水面形成高出河床、海床的"高地",日积月累,这个"高地"向上生长,露出水面,就形成"岛",这种岛在苏南一带称之"沙"或"沙岛",今天长江口的崇明岛、长兴岛、横沙岛均属于"沙",在一定条件下,岸线和"沙"之间又缓慢淤积,使"沙"与陆地相连而成了陆地。本文讲的"九段沙"的水下部分的"沙"是几千年来的冲积形成的,只是在20世纪80年代已有部分露出水面而已。

在水下或初露出水面的"沙"是人无法居住的,地名的出现是与人的活动密切相关的,所以在它露出水面之前不见得有地名。据笔者所知,在20世纪90年代时,上海的水务机构决定在这个初露出水面的"沙"上建立一个水文观察站,既然要建站,当然要给它取一个站名,工作人员向附近的居民或渔民打听,当地人告诉他们这里叫"九段沙",于是这个观察站就被叫作"九段沙水文观察站",这个"沙"也被公开叫做"九段沙"。

九段沙露出水面后就会有人上岛或在附近活动。太湖流域是大闸蟹和鳗鲡的主产区,由于自然环境的改变使大闸蟹和鳗鲡的产量锐减,价格飞升,当时无法人工孵化蟹苗和鳗鲡苗,而大闸蟹与鳗鲡都是回游动物,平时栖息在内河与内湖,成熟后顺水而下,进入长江口的咸淡水域交配产子,次年开春,子孵化成苗后再溯水而上进入内河,年复一年,年年如此,于是渔民或养殖户每年开春到长江口捞出壳的蟹苗鱼苗,小船的数量数以千计,不仅妨碍长江口的航运,还破坏生态,渔民们还把无人居住的九段沙作为暂栖地;长江口的湿地还是候鸟的栖息地,于是一到春秋季节,不法分子又会在九段沙张网,猎杀南来北往的候鸟,九段沙经常见于报端,出现于电视屏幕,它远离上海市区,常人也无法登陆,但它成了上海知名度很高的地名。2003年,上海市政府颁布和实施《上海市九段沙湿地自然保护区管理办法》,并成立上海市九段沙湿地自然保护区管理署,于是"九段沙"就成了国家注册的正式地名。问题在于这个"九段沙"的地名到底怎么来的。

上海市的川沙、南汇(今都属浦东新区)、奉贤、金山东临大海,在历史上均为产海盐区,隶属两浙盐运司。煮盐有复杂的过程,大的步骤是先在近海的地方平整盐场,将海水抽入盐场,靠太阳将海水蒸发成浓度较高的卤水,再将卤水运到专门的地方,那里有很大的盐灶,通过烧煮的方法蒸发卤水,当浓度达到饱和后,盐就结晶,不断将灶中的盐结晶捞出来,不断地加注盐卤,不停地添柴,就不断地出盐。古代盐的价格较高,由国家专卖,所以在煮盐的地方大多建有围墙,派官兵守护,防止偷盗和走私。陈椿是元代上海的盐官,其著作《熬波图》是以图配文的介绍海盐生产过程的著作,首页就讲:

> **各团灶舍** 归并灶座,建团立盘,或三灶合一团,或两灶为一团。四向筑垒围墙,外向远匝壕堑,团内筑酱池井,盛贮卤水,盖造盐仓、桦屋,置关立锁,复拨官军,守把巡警。

作者还配有诗:

> 东海有大利,斯民不敢争。

《熬波图》绘"打卤入团"　　　《熬波图》绘"干拌入盐"

并海立官舍,兵卫森军营。

私鬻官有禁,私鬻官有刑。

团厅严且肃,立法无弊生。

起初,盐灶是分散在沿海各地的,至迟到了元朝,为了防止偷盗和走私,政府就把分散的盐灶集中起来,还建有围墙、开挖濠沟,派官兵守卫,这种地方称之"团",一个"团"里有几口盐灶就叫做"几灶",今上海、江苏沿海特多三灶、四灶、五灶、六灶之类用数字加"灶"的地名,那就是古代煮盐留下的地名。清倪绳中《南汇县竹枝词》:

洪武三年盐运使,下沙场统九团乡。

直从正统三场析,每辖三团为一场。

作者原注:

明洪武元年,立都转盐运使于杭州,设松江分司于下沙。下沙场位领九团。正统五年,分场为三,每辖三团。

"团"是一个煮盐单位,早期有多少个"团"已不太清楚了。当朱元璋登基当了大明王朝的开国皇帝时,立即引起了其他农民军的不满和反对,于是朱元璋又调集精兵强将,镇压反对他做皇帝的农民军,被击溃的农民军又向边境和沿海逃窜,为了继续围困进入沿海及岛屿的农民军,朱元璋一方面实行严厉的"海禁"政策,就是禁止在中国近海开展航运和贸易,另一方面加强军事管制,为实施这些政策,还规定沿海的百姓不得下海作业,部分地区还规定沿海的居民须内迁到离海较远的地方居住,或由政府帮助西迁到边疆。但海盐就是煮海水生产的,离不开大海,于是对沿海实行半军事化管制,在杭州设都转运盐使司,松江府设分司,分司设在浦东的下沙,又将浦东沿海的盐场由南向北划分为九个"团",到明正统五年(1440年),下沙场管九个团忙不过来,又将下沙场分下沙一场、二场、三场,每个场辖三个团。一团又称大团,即今大团镇;二团在今老港,三团具体不详,今仍有三团港,四团即今盐仓,五团在祝桥,六团在施镇,今这里仍有"六团"的地名,七团为江镇,八团在川沙,九团在曹路。到了清朝以后,由于海岸线不断向东推延,滩地也不断延伸,使在海滩上的海水含盐量减少,盐的生产难度增加,成本上升,但也有人认为由于行政体制的变革,才使盐业衰落,清秦荣光《上海县竹枝词》曰:

下沙自宋设盐场,添二三场正统时。
南汇一分场一并,邑无盐政课征谁。

清雍正二年(1724年)分上海县之东部置南汇县,嘉庆十年(1805年)又分上海与南汇县的部分置川沙厅(1914年改川沙县),原来盐区的政区几次分割,使上海的盐业不断地衰落,于是原来盐业的政区逐步划入行政区,有的仍为行政地名使用,有的就注销了。

1927年以前,今高桥以北的地方属于宝山县,所以,原来的"九团"的区域相当于今川沙城厢镇以北到高桥之间的滨海地区,至今仍有老人把此地称之"九团",而所谓的"九段沙"就在旧"九团"外的江面上。在沪方言中,"团"与"段"的发声是一样的,应该讲,当时当地人告诉水文站同志这里是"九团沙",但水文站的同志不知这里的地名历史,也未作调查和核实,就自说自话地把它写作"九段沙"。地名还有一个约定俗成的规矩,"九段沙"已经作为地名使用了几十年,就不必非得更正为"九团沙",但这也是故事,把事情的原由讲清楚,这也是对历史和后人负责的态度。

# 浦东的其昌栈

"其昌栈"是黄浦江浦东一侧的渡口名称,其对岸的渡口是秦皇岛路码头,其(昌栈)秦(皇岛路)线是虹口、杨浦过江去浦东的重要对江渡,所以,其昌栈也是上海知名度颇高的地名。上海世博会期间,其昌栈是世博会主场馆的"水门"之一,从浦东进入世博会主会场的客流可以选择从其昌栈水门进入,然后搭乘黄浦江游艇进入主会场。于是,一定很多人想知道,这"其昌栈"的名称是什么意思,它又是怎么来的。

1998年出版的《上海地名志》中收有"其昌栈码头"条目,释文是:

**其昌栈码头**(Qichangzhan Matou) 位于黄浦江下游南岸。东临新华码头,西与上海船厂相邻。岸线长约380米。是上海港装卸钢杂码头。原为英国海军船坞基地。清光绪十七年(1891年)由英商公和祥码头公司购买,改建为其昌栈码头。1949年后转给外轮代理公司,以后划归上海港务局管理,现属上海港新华港务公司经营。1995年货物吞吐量约55万吨。

这里有几个令人困惑的历史问题。首先,在1891年之前,英国海军是否在上海有过基地,如没有的话,其怎么会有码头;其次,英国海军的基地又为什么在1891年撤走了;再次,英商公和祥码头公司购买了此码头后,为什么把改建后的码头命名为"其昌"。

"其昌"又作"基昌",它的正确写法应该是"旗昌"。早在清嘉庆二十三年(1818年),美国商人罗赛尔(Samuel Russell)就在广州创办了"罗赛尔洋行"(Russell & Co.),主要从事鸦片运输和贸易,该洋行与广东十三行的领头商行伍秉鉴(浩官)的关系至为密切,也使商行的经营很顺利。1824年,广东十三行的许多买办入股罗赛尔洋行,于是洋行实行改组,西文名照旧,中文行名则改为"旗昌洋行",在粤语中"旗"与"其"、"基"谐音,所以又被写作"其昌"或"基昌"。

众所周知,美国的国旗为"星条旗",在各国的国旗中图案最花哨,色彩最鲜艳,于是广东人把美国叫作"花旗国"或"花旗",美钞叫作"花旗票",当1843年上海开埠后,这种称谓也随进入上海的广东商人一起带到了上海。1917年上海商务印书馆出版姚公鹤著《上海闲话》中讲:

> 上海外人势力,以英、法、美、德为最巨。故居留人除日本外,亦以四国为最多。惟沪人之称四国人,亦复各别。称英人曰"大英人",颇符国际上互相尊敬之义。称法人则曰"法兰西人",(间有音讹作"拔兰西"者,与洋文原音相去更远矣。)称美人则曰"花旗人",称德人则曰"迦门人",("迦门"系"日耳曼"之省音。)此种

称谓稍一移易,(如直称德人、美人是。)中下社会即不知所对。盖此事各有其历史上之缘因,今已不尽可考。惟"花旗"之称,则当时以与英人语言文字种族一一相同,无他标异,故以国旗名其人。此语闻之余兄安甫先生,而安甫又闻之某行辕中之洋顾问也。

早期不少美国的商事机构就以"花旗"作为他们的行名,直到今天,美国在华有"花旗银行",一种西洋参也被叫作"花旗参"。

当1843年上海开埠后,旗昌洋行就将总部从广州迁到了上海,总行址在今福州路外滩,今外滩6—9号都是旗昌洋行的产业。该洋行除了继续经营鸦片贸易外,还在上海创建"旗昌轮船公司"(Shanghai Steam Navigation Company,又被译作"上海轮船公司")、"旗昌缫丝厂"(Kee Chong Silk Filalure)等企业。旗昌轮船公司主要开通和经营上海—广州的近海航运和长江内河航运,在1867—1872年间垄断了长江航运,他们在黄浦江两岸占有很长的岸线,估计总占地约110亩,还在租界里有堆栈和仓库,一度成为美商在华的最大的工贸集团公司。

仅几年后,1872年,英商太古洋行创办了太古轮船公司(China Navigation Co., Ltd),1873年,英商怡和洋行创办华海轮船公司(China Coast Steam Navigation Co.),1881年改组为"怡和轮船公司"(Indo-China Steam Navigation Co., Ltd.)成为上海鼎足而三的航运集团,垄断和操控了上海国内和国际的航运业务。法国史学家梅朋、傅主德合著《上海法租界史》中是这样讲的:

自 1856—1860 年的条约签订后（指第二次鸦片战争中清廷与多国签订的《天津条约》），各开放口岸之间的往来交通，几乎全部由外国航运业代替了当地的航运业。一家美国航运公司"上海轮船公司"（这是译者对 Shanghai Steam Navigation Co. 的直译，该公司的中文名为"旗昌轮船公司"），甚至一度认为自己控制了长江。但是，1872 年，大英轮船公司（即太古轮船公司）的创始人霍尔特和长江各口岸，特别是汉口，直接建立航线，这种竞争的直接结果是降低了运费，上海到汉口的运费，从每吨五元跌到二元半。

以前，英国驻上海的领事每年须向他们的政府递交一份关于去年一年的关于上海贸易的总结报告，后来汇编成册，正式出版，上海社科院李必樟译成中文本《上海近代贸易经济发展概况，1854—1898 年英国驻上海领事贸易报告汇编》，其中提到："上海旗昌轮船公司主要依靠构造和机器适应于中国内河航行的货船进行航运业务。尽管这些轮船建造方便，但是它们成本较大，容易燃烧，而且不及英国造的铁船那样耐久。"运费在竞争中不断下跌，而运输成本则不断上升，更主要的是，"旗昌"的大股东大多是广州"十三行"的中国买办和商人，他们既不想通过追加投资，进行改组的方法提升自己的竞争力，更担心自己持有的股票缩水，宁可将公司拍卖，也不想吃眼前亏，于是 1876 年旗昌洋行及旗昌轮船公司宣告清理，全部资产进入拍卖顺序。

西方的火轮船打破了中国传统帆船航运的布局和格调，刺激中国轮船航运的崛起、进步。1872 年，李鸿章令上海人朱其昂筹办轮船招商局(China Merchants Steam Navigation Co., Ltd.),第一期集资一百万两,船只向英国订购,但上海理想的黄浦江岸线已大多被外商占据,即以23 500两的价格购进浦东相当于今杨家渡至商城路岸线约二十亩土地,建造了轮船招商局在上海的第一个码头,该码头长期被叫做"轮船招商局杨家渡码头",如今这里已建设为东昌滨江绿地。轮船招商局名为"招商",实为"官督商办",来头很大,创立之初就想承接政府的航运业务,在上海仅靠一处码头是明显不够的,而就在1876年就传来旗昌洋行清理的消息,一场争购"旗昌"之战也打响了。

徐润(1838—1911年),字润之,别号愚斋,广东香山(今中山市)人。十四岁来上海,随其叔叔在英商宝顺洋行(Dent & Co. Alfred)学徒,能操一口流利的"洋泾浜英语",后晋升为副买办。宝顺洋行的经营并不顺利,徐润在职时就多次易主,1876年宣告清理,羽毛已丰的徐润就脱离洋行自己创办宝源祥茶庄,主营茶叶出口业务,此间他又通过捐例的办法得到了一个"员外郎"、"候补道台"的空衔,这为他进入官场带来了方便,当年轮船招商局创办时,这位既懂外贸,又能讲一口流利的"洋泾浜英语"的徐润被李鸿章委以招商局会办,就是总办的副职,他理所当然地成为收购旗昌洋行的主要参与者。《民国上海县志·卷十七·人物·徐润》中是这样记录的:

> 光绪二年,旗昌轮船公司自拟出售,索价二百六十万两,约于数日内决定。是时,总办唐廷枢赴福州,盛宣怀赴武汉,为期至迫。乃独自筹议,估计旗昌全部,除轮船不计外,有金利源、金东

方、金水盛三处轮埠，可泊六七艘，中栈轮埠水涉最深处可泊外洋大轮，并宁波轮埠、顺泰轮埠，并天津货栈轮埠及长江各埠轮埠、货栈十数处，全数核计，何止仅二百六十万两。乃即日议定，允于收买。议价二百二十万两，卒以二百二十二万两定议，匆促之间，毅然决定。适唐廷枢、盛宣怀回局，均各赞同，是时两江总督沈葆桢，直隶总督李鸿章深加赞许，谓为胆识俱优，褒誉备至。由是，招商轮船局得与外洋诸公司争衡。

这是一家之言，是中国人对中国人的看法和评价，但是，当时的外国人并不认同，如《英国领事报告》中《船舶登记员泰卜1877年度上海港航运业务报告》中也提到了这件大事，说：

如同我前年报告中所预料的那样，原属旗昌轮船公司的整个船队和全部财产已于3月1日转让给中国轮船招商局，作价200万两，大部分由中国政府提供，对卖方来讲，这是好价钱，因为该船队内包括许多用旧和老式的轮船，其中有4或5艘已经破裂，按外国公众的估计，中国轮船招商局至少比全部财产的价值多付了50万两。中国政府仍以很高的运价把运漕粮去天津的特权给予招商局，人们还说，去年营业账目上的亏损数也是通过政府的帮助偿清的。

两份资料对轮船招商局收购旗昌轮船公司产业的实价有不同，但外国人认为,招商局比全部财产的总价至少多支付了五十万两,在实际收购价二百二十二万两或二百万两中多支付五十万,这个亏真的是吃大了,这也许是外国人没能以低价收购旗昌轮船公司的抱怨、牢骚,也许,徐润等在收购旗昌轮船公司的过程中确有中饱私囊的暗箱操作,如今已是讲不清了。但是,这次收购确实使轮船招商局的实力大增。《领事达文波1878年度上海贸易报告》中讲:"1876年底,轮船招商局以200万两买下原属美商旗昌轮船公司的全部船队、码头和财产,这时该公司的资本账额达到4 762 601两,船队扩大到28艘轮船,9艘拖轮和一些小轮船。"

上海辞书出版社出版《近代上海大事记》1877年2月17日条中记:"轮船招商局接管美商旗昌公司产业,计上海有全家盛码头、虹桥码头、金益永盛码头、南码头、金利源码头、金方东码头等。"《大事记》中的资料主要来自当时的《字林西报》《申报》等,可靠性是很高的。金利源码头在浦西"法兰西外滩",相当于今中山东二路以东,东门路至新开河之间的滨江之地,一直到1949年之前一直叫"招商局金利源码头",后来一度改建为客运码头,今已改造为滨江风景观光区,虹桥码头即《民国上海县志》中讲的"中栈轮埠",今跨虹口港的大名路桥旧称"虹桥"或"外虹桥",码头在外虹桥与太平路之间的黄浦江边,1949年前长期称"招商局中栈码头",解放后为上海外轮供应公司驻地,今为上海港国际客运中心所在地。全家盛码头后称"招商局北栈码头",在今公平路与高阳路之间的黄浦江边,今已被建为金岸大厦、新外滩花苑,白金湾府邸等高档住宅区。南码头在浦东,部分曾作为汉冶萍公司的专用码头,今已改造为滨江花园。金益永盛和金方东码头在浦东,被轮船招商局收购后改称"招商局华栈码头",它本来就是美商旗昌轮船公司的"旗昌栈",在相当长的一段时间里,这个码头仍被人们叫做"旗昌栈"或"其昌栈",在码头外对面还有一条叫"其昌栈大街"的路,可能有人知道"其昌"即"旗昌",是昔日旗昌洋行或旗昌轮船公司留下的地名,属于殖民主义留下的痕迹,1987年以浙江省地名改为"钱仓路",今钱仓路还在,也许后人会把"其昌栈"的故事忘记。

早期的火轮船使用蒸汽机,以煤炭为燃料,进出上海的火轮必须添加煤炭,同时,上海的发电厂也靠煤炭发电,上海的煤炭需求量很大,中国开采煤炭的历史较迟,早期的煤炭主要依赖进口。1876年,李鸿章派轮船招商局总办唐廷枢筹办开平矿务局,次年拟定章程,后又与滦州煤矿合并称"开滦矿务局"。1881年投产,1882年年产煤三万八千吨,以后逐年上升,1898年年产量为七十三万吨。煤炭大多经天津港通过海运进上海港,而海运则全部由轮船招商局承运,煤炭运输扬尘严重,不宜建在人口稠密的市区,于是,招商局就将这个煤炭专用码头设在浦东,即招商局华栈的东侧,该码头就称"开滦矿务局煤栈(码头)",煤炭的销售处也设在那里,英文名为 Kailan Sales & Wharf Agencies。解放后,招商局华栈和开滦矿务局煤栈合并称"上海港第八作业区",简称"上港八区",原煤炭专用码头的装卸作业划归洋泾浜以东的原三井码头,成为以粮食运输、储存为主的综合性码头。1985年改组为上海港新华作业区,简称"新华码头"。当然,"新华"之名与原"华栈"是有一定关系的。

黄浦江是流经上海最大的河流,是上海港的主航道,孕育上海港和上海城市的进步和发展,是上海的母亲河。随着世界航运技术的进步和手段的改变,上海港已向洋山港转移,黄浦江航运上的作用和功能逐渐萎缩,而其作为城市景观和生态上的作用日益突现,滨江之地已分期改造为滨江的休闲、旅游区。民生路东西两侧的码头已被列入工业遗产名录而得到保护,这里也将成为陆家嘴经济区的一个新的景点和亮点。

# "南洋公学"说"南洋"

上海交通大学的前身是1896年盛宣怀创办的"南洋公学",以前,上海有一家规模仅次于英美烟公司的烟草公司,叫做"南洋兄弟烟草公司",双喜牌香烟最早就是这家公司生产的,以前,上海称之"南洋"的商家、企业还很多,这"南洋"当然不是印度尼西亚、菲律宾所在的南洋,那么,这个"南洋"是不是上海的别称呢,或者与上海有什么关系?

上海交通大学的前身是南洋公学,太平洋战争后被日军接管,作为东亚同文书院址

中国的东部和南部临海，习惯上，以长江口为界，把长江以北的海面称之"北洋"，以南称之"南洋"。众所周知，朱元璋登基做了大明王朝的开国皇帝后引起了其他农民军的不满和反对，于是朱元璋又调集军队镇压农民军，迫使部分农民军进入沿海地区。为了继续围困和镇压他们，朱元璋颁行了严厉的"海禁"政策，即禁止在中国近海开展航运和贸易，中国沿海已经发展的港口和海上贸易衰落。"海禁"从明朝到清初延续了三百年之久，中间虽有松弛，但仍以禁为主。一直到清康熙二十二年(1683年)，康熙收复台湾，标志着沿海反清武装被肃清。两年后，康熙皇帝颁布"弛海禁"令，结束了中国长期实行的海上封锁政策，为配合即将开始的海上航运和贸易，又在广州、福州、宁波、上海分别设立粤海关、闽海关、浙海关、江海关，江海关就是"江苏海关"，设在上海，合称"四大海关"。到了近代以后，清政府把中国近海划分为"南洋"和"北洋"两大块，原来的"四大海关管辖"的区域称"南洋"，南洋以北的山东、河北、辽宁的海面为"北洋"，如清朝海军的"南洋水师"、"北洋水师"就是以此划定和取名的。1861年，清廷设立总理各国事务衙门时，下设钦差大臣管理已开放的上海、宁波、福州、厦门、广州口岸的通商事务，沿用"五口通商大臣"，1870年后称"南洋通商大臣"，同年，原负责北方的"三口通商大臣"也改称"北洋通商大臣"，于是"南洋"和"北洋"有了相对具体的区域和范围。

开始，南洋通商大臣由江苏巡抚担任，1865年，李鸿章由江苏巡抚调任署理两江总督，仍兼任南洋通商大臣，此后，南洋通商大臣由两江总督兼任成为定制，两江总督府设在苏州，但上海是五通商口岸中最主要的口岸,于是,"南洋"一词在上海的出现频率很高,它不能算作上海的别名,但与上海的关系密切。

民间仍习惯以长江口为界,以北的海面称"北洋",以南称"南洋"。由于北洋与南洋依托的陆地有明显的差异,使南、北洋面的构架和航行条件也有不同。北洋依托的陆地是华北和华东平原,千万年来,黄河(包括历史上的淮河)夹带大量的泥沙注入大海,受潮汐的影响,入海时水速放缓,泥沙就在入海时沉淀下来,使北洋近岸处形成绵延几十里,甚至几百里的滩地,涨潮时浅滩被海水淹没,退潮时浅滩部分露出水面,于是,只有上海制造的沙船和山东制造的"卫船"(据说"卫"是驴子的别名,山东多驴,故别称"卫"),都是平底浅船,可以利用浅滩中的夹沟南来北往,一旦搁浅,也可以等下一次涨潮时继续航行。南洋依托的陆地是闽浙的山地和丘陵,沿海多岛礁山崖,这里海深浪急,只有当地制造的深水船才能在海上航行。而上海恰位于长江口的南岸,为南、北洋之交点,从北方南运的货船必须进上海港,换装南方的深水船后才能继续南运;而从南方北运的深水船,也必须进上海港改装沙船或卫船才能继续北上,所以,上海港不仅是在地理上是中国海岸线之中点,还是南、北洋的交结点,它不仅是一个港口,更是一个南、北航运的中转站、枢纽港,地理位置和特点决定它将成为中国沿海的大港。

据记载,第一次鸦片战争中,当初英国人并没有计划将上海列入《南京条约》的通商口岸之一。1832年,英国东印度公司的胡夏米和郭士立乘"阿美士德勋爵"号闯进上海,他们又把自己的经历及对中国沿海及港口的调查写成《有关阿美士德号货船考察北华诸口岸经过情况的报告》,并于 1934 年在伦敦正式出版,后来英国人读到了该书,才决定把上海列入通商口岸的名单。

南洋通商大臣由两江总督兼任,署设在苏州的两江总督府内,在上海设立办事处,在沪西的静安寺附近。1899 年这里被划进公共租界,不久,工部局筑路,附近的一条路就被叫做"南洋路",英文名为 Nanyang Road。清帝逊位后,这个机构消失了,人们误以为"南洋"是指外国的"南洋",就把"南洋路"改为"南阳路"。而印度尼西亚、菲律宾等国所在的"南洋"的英文名为 South Sea。当然,仍有许多人不明白,当年盛宣怀创办的学校为什么会取名"南洋公学"。

图书在版编目(CIP)数据

老上海浦塘泾浜 / 薛理勇著. —上海：上海书店出版社，2015.8
（薛理勇新说老上海）
ISBN 978-7-5458-1112-4

Ⅰ.①老… Ⅱ.①薛… Ⅲ.①上海市—地方史 Ⅳ.①K295.1

中国版本图书馆CIP数据核字(2015)第154600号

责任编辑　沈佳茹
技术编辑　丁　多
装帧设计　郦书径

### 老上海浦塘泾浜
薛理勇　著

出　　版　上海世纪出版股份有限公司上海书店出版社
　　　　　　（200001　上海福建中路193号　www.ewen.co）
发　　行　中国图书进出口上海公司

版　　次　2015年8月第1版

ISBN 978-7-5458-1112-4/K.189

www.ingramcontent.com/pod-product-compliance
Lightning Source LLC
Chambersburg PA
CBHW051044160426
43193CB00010B/1058